日韓記者・市民セミナー　ブックレット 16

…治と「在日」

*

はじめに

日韓記者・市民セミナー　ブックレット第16号は『朝鮮半島の政治と「在日」』をテーマにしました。

在日の存在自体が政治的であると学生時代に先輩から聞いたことがあります。当時も今もどちらかと言えばノンポリに属す自分にとって忘れられない言葉になりました。

生まれた国は日本なのに日本人ではなく、国籍は心ない日本人が蔑む韓国という事実は、物心ついた在日に戸惑いを与えています。それは在日二世の私も、これから生まれて来る在日四世、五世も大同小異でしょう。

みんなと同じでなければ不安になる社会。群れたがる習性が身についている同調圧力の強い国。どこを切っても金太郎飴のような没個性が当たり前の国。在日をはじめとしたマイノリティーが生きづらさを感じる国。生まれ育った日本のことをこう列記すると「嫌なら国に帰れ」とどこからか聞こえてきそうです。アメリカ人に言われるとへつらうのに、韓国人に言われると腹が立つ心性の根本は何でしょうか。

母国である韓国は、自由民主主義を自らの力で勝ち取ったとは言え、今も三十八度線で北朝鮮と対峙しています。一触即発の危険がはらむ状況下、国民一人ひとりが国防や安保を意識せざるを得ない国になっています。

「誰が祖国を分けてしまったの」とイムジン河は歌いますが、果たして何が原因で韓（朝鮮）民族は世界で唯一の分断国家という不条理を甘受せねばならないのでしょうか。日本の植民地支配に端を発する南北分断について、在日も日本人も史実にきちんと目を向けなくてはなりません。

幼い頃、祖父はテレビでニュースを見ることを常としていました。日本語が充分理解できないのにと思いながら、理由を尋ねると「金日成がいつ死ぬか。それをこの目で見たい」と言いました。祖母は雑音が混じるラジオで韓国の放送を聴いていました。朝鮮戦争のどさくさに紛れて北朝鮮に行った弟の安否が知りたいとのことでした。蓄音機に耳を傾けるビクターの犬のように、非現実的な夢のまた夢を追う姿は哀れそのものでした。

在日一世に強く死を望まれている金の正体は後日、意外なことから知ることになりました。夏休みに親戚の家に行き、従弟の遊び仲間の朝鮮学校に通う小学生に「朴正熙のような悪い奴は死なななきゃならん」と言わたのです。父にそのことを伝えると烈火のごとく怒っていました。金と朴、この二人のリーダーは在日社会に何をもたらし、その後継者らは今、在日社会に何をしているのでしょうか。

韓国と北朝鮮を三〇年も現場で見てきた城内康伸さんは、「現地の記者が取材しないアウトロー的な存在を無意識のうちに取材対象にしてきた。一番大切なのは信頼関係。北朝鮮との縁もそこからできた」と語ります。

韓国のシルミド（実尾島）事件や情報機関よる「地下放送」を取材したのをはじめ、在日の反社組織だった「東声会」のドン、町井久之の評伝を書くことになったのも、表に出ない日韓の裏の歴史を葬るに忍びないという記者魂だったのでしょう。

嫌韓記事を量産する週刊誌の記者時代を経験した竹中明洋さんは、「背景には、韓国がグーッと成長して日本を追い越す局面が出てきて、かつてあった優越感が失われていくことへの焦りや危機感が見え隠れしていると思った」と当時の思いを振り返ります。

ヘイトスピーチである種のカタルシスを覚える人たちが今も少なくない現状に対しては、「在日のことをちゃんと知ってもらうこと、興味を持ってもらうことが差別なき日本社会に繋がっていく」と出版の動機を述べています。大阪の伝説的なヤクザだった柳川次郎の本を書いたことにも興味を惹かれました。

羽原清雅さんは関東大震災百年について「朝鮮人虐殺について日本政府は歴史修正主義の立場を表明した」と指摘した上で、「これからの百年のスタートとして、総合的な歴史資料館を作り、資料を一元化することを提案したい」と述べています。

歴史認識については「基本的には相手の国の歴史を知るところから始め、双方の交流で民間に肌で感じる近しさ、誤解が生まれないような理解ができることが大きな意味を持つのではないか」と語っています。

二〇二四年四月二一日

一般社団法人ＫＪプロジェクト代表　裵哲恩（ペー・チョルン）

第１講　朝鮮半島取材三〇年　現場で見た南と北

城内　康伸
――――元東京新聞編集委員・東アジア担当

新聞記者の生活は三七年で、そのうちおよそ三〇年近く朝鮮半島の取材と関わってきました。ソウルに二八年、それから北京ですが、これは中国担当ではなくて北朝鮮を担当するためという特殊な赴任でした。海外の記者生活は計一四年です。

最初のソウル赴任が一九九三年五月で、その前は警視庁の記者生活を三年ほど続けました。これが一番きついと言われているところで、ほとんど休めません。朝は五時ぐらいに出勤して刑事さんのお家まで行って、夜は大体午前二時に帰宅という生活でした。これは続けられないというときに、たまたま所属する中日新聞社で海外留学募集がありまして、受かれば海外でのんびりできると思って受けました。

▼最初のソウル赴任（一九九三〜一九九六年）

運よく受かりましたが、どういうわけか直接、特派員派遣になりました。当時三〇歳で海外に記者を出すのは異例のことでしたが、おおむね三年間、留守番生活を厳しい上司のもとでやりました。「君はしっかりと韓国の新聞を読め」「事務所を守れ」と言われて、ひたすら韓国紙等の通信社の記事を読んでいた感じです。

＊金日成主席死去の衝撃

その中で一番大きな出来事は、九四年七月九日土曜日午前のことで、特別放送が正午から始まるという発表がありました。

その当時、ジュネーブで米朝が核交渉の真っ最中でした。おそらく核問題で進展があるんだろうと思ってのんびり構えていました。ちょうど上司がジュネーブにいたので、自分がやることはないと思っていたら、韓国のテレビに突然、北朝鮮のアナウンサーが出てきて「金主席が亡くなりました」と言うわけです。

同時に韓国の通信社の聯合通信（いまは連合ニュース）から、訃報関連の記事が流れ続けました。それが延々とやまず、私はどうしていいかわからないという状態でしたが、とりあえず会社に電話を入れました。

そしたらデスクが「うるさい」と言ってガチャっと切ったんです。その後、紙面はどうなったのかと思って夕刊を見たら、私の名前で立派な新聞ができているんです。書いた覚えがまるでなかったけど、しっかり「ソウル・城内康伸」とありました。要するに前任の先輩の方がしっかり残しておいてくれた予定稿が、私の名前で使われていて、なんとありがたい会社だ（笑）と思いました。ただその後は朝刊を死ぬほど書きまして、一日で六五〇行ぐらいの量でしたが、今でもそのときほど書いた記憶はありません。

このときの発表は本当に頭が真っ白になったんですけど、勉強になったのは慌ててもしょうがないという開き直りみたいなものでした。何とかなる、きっと誰かが助けてくれるという甘い考えを持っていましたが、まさにその通りになったので、以来、記者生活をしていていろんな山場がありましたが、慌てることがなくなりました。これは非常に大きな経験だったと思います。

まだ経験不足の記者で何も知らず、なかなか思うように動けなかったので、もう一度行きたい、必ずソウルに再赴任するんだと思いながら、九六年の春に帰国しました。

▼二度目のソウル赴任（二〇〇〇〜二〇〇三年）

二度目も韓国に行くことができまして、この時はたくさんの人に会うという方針を立てました。もう一つは、せっかく二度目の韓国赴任ですから、ただ日常のニュースをさばくだけじゃなくて本を執筆したいと思いました。それを心に決めて、いろいろテーマを探していたときに、「北派工作員」という人たちの存在を知りました。このときもまだ存在していて、この時点までに七七〇〇人が教育されたというんです。

朝鮮戦争の休戦協定があるから、双方共に相手方の領内に入ったり攻めたりしてはいけません。ところが、北側から韓国に密かに入ってくるように、韓国でも密かに北に派遣して、破壊工作や情報収集をするわけです。「軍番のない兵士たち」と言われていました。正規軍じゃないから軍隊の番号もないんです。帰って来てもろくに生活の保証がないというような人が大変たくさんいたんです。

＊シルミド事件の取材

その人たちの取材をやっているときに聞きつけたのが、皆さんもご存知だと思いますが映画になったシルミド（実尾島）事件です。金日成（キム・イルソン）の官邸を襲って彼を暗殺する部隊を秘密裏に組織していました。そういう噂はありましたが、いろいろ調べても全然データがなかったんです。

シルミド（実尾島）

部隊の存在が発覚したのは一九七二年の三月か六月のことで、その第一報は「北の秘密工作員が仁川に上陸した」というものでした。その後、これはおかしいぞということになり、実は韓国の特殊部隊だったということがわかりました。このことは韓国政府も認めましたがそれ以上出てこない。韓国国会でこれを追及した方はその直後に暴漢に襲われて片足が不自由になりました。だからそれ以上追及するなということで、封印されてしまいました。この人は、私が取材に行った二〇〇二年ころは群山の市長でした。

この島がシルミドです。横にモイドという大きな島がありまして、ここから撮った写真です。映画になった後は観光地化されたようですが、私が取材した当時は誰も入らなくて、ただ潮が引くと隣のモイドから歩いて行けました。

『シルミド―「実尾島事件」の真実
（2004年 宝島社）

当時「基幹要員」と言われ、訓練兵が脱出しないように監視していた人に連れて行ってもらい取材をしました。

映画をご覧になった方がいらっしゃると思いますが、映画の部隊長は人間的な良心を持ったヒーローのように描かれています。でも実は訓練兵にひどい仕打ちをしたようです。金日成暗殺のための部隊が送れなくて、派遣は塩漬けにして訓練だけをさせられていた。

それから、特殊部隊の訓練兵たちは死刑囚が多いというふうに言われていますが、実は死刑囚は一人もいません。みんな民間人です。もちろん、若い頃にちょっとやんちゃして逮捕歴のある人もいましたが、死刑囚は一人も存在しなかったんです。

映画のクランクインの発表がシルミドであるというので出かけて行きました。実際に訓練兵たちを訓練したキム・イテさんという元教官の方がいて、死んだ訓練兵を埋めたところに焼酎をかけながらブツブツブツブツ言っているんです。ちょっとおかしいな、だいぶ精神的に追いつめられていると思って見ていましたが、映画監督とプロダクションの人が砂浜で記者会見を始めてしばらくたつと、その元教官が立ち上がってマイクを取り上げて、「こんなのは全部嘘だあー」と叫びました。若い人が大慌てで押さえにかかりましたが、さすがに特殊部隊を訓練する教官でしたから、三人ぐらいの若者をぶん投げたので、全員で押さえ込んだということがありました。私はその現場を本の中で書いていますが、翌日の韓国の新聞には一行も載ってなかったので驚きました。

左上の写真は、訓練兵たちが平壌市内まで飛んで行って落下傘降下する訓練のときのものです。その下は、先ほど申し上げた教官たちと、その訓練兵たちを監視する警備兵たちの写真です。訓練兵の写真は、映画になった後に韓国紙が入手していましたが、私は帰国していたので残念

〔上〕落下傘の降下訓練のために乗り込む兵士たち
〔下〕教官と、訓練兵を監視する警備兵たち

〔右〕北派工作員を祀る忠魂塔
〔左〕名前が刻まれた壁に触れて泣く女性

ながら手に入れることはできませんでした。

＊北派工作員の取材

北派工作員は決して表に出なかったのですが、ソウル郊外の城南《ソンナム》市に密かにある韓国軍情報司令部の本拠地には写真のような忠魂塔が建てられ、ここには軍番のない北派工作員が祀られています。もちろん取材しても「そんなものはない」としか言われないし、国防部も情報司令部も明らかにしてはくれませんが、およそ七千人の名前が刻まれています。

高齢の女性が壁に手をつけて本当に泣き喚いていらっしゃったんですが、これがその内部です。失踪し死亡した人の名前が刻まれていますが、この中には基本的に入れません。この忠魂塔自体も訪問禁止で我々は絶対駄目です。

おそらくこの内部を撮った写真というのは、世界中探してもこの一枚だけだと思います。この後、いろんなことで取材がしにくくなりました。

写真は李哲熙（イ・チョリ）さんという人です。北派工作員は一九五〇年朝鮮戦争勃発当時に創設されましたが、ＨＩＤという陸軍諜報部隊が創設されて、それが脈々と秘密裏に養成されてきました。そのときの初代の部隊長です。

そのときに、問答無用で彼らを死地へ送り込んだ鬼のような人です。取材でわかってきたのがシルミド部隊創設のときの、韓国中央情報部、いわゆるＫＣＩＡの第一次長をやっていて、シルミドの部隊創設の中心的役割を担いました。

シルミド創設の中心的役割を担った
李哲熙（イ・チョリ）氏

一九七〇年代に入って、金大中（キム・テジュン）事件が東京で起こります。この方は韓国国内で、事件の「絵」を描いた中心的な人物です。すごい負の連鎖だと驚きました。地獄への案内人のような人だなと私は思って、二〇〇三年の春に取材に行きました。

彼がソウルの南側の江南《カンナム》というところの公営アパートに住んでいるというので訪ねて行って、ピンポンと鳴らしたら普段着の人が出てきました。「李哲熙先生いらっしゃいますか」と聞くと、「主人は今出てます」と応えました。「お宅は誰ですか」と尋ねたら、「留守番に来てる人間だ」というので、「また来させていただきます」と言って帰って、写真を調べたらこの顔してるんです。留守番の人が…。何も顔色を変えずに、平気で「主人は今外に出てます」と言ったところは、後で振り返ると流石だなと。その後は全く会ってもらうことはできませんでした。

＊恵まれた環境、多岐にわたる取材

二度目の赴任で思ったのは、韓国は本当に恵まれた取材環境だということです。日本とほぼ同じように人に会えます。政治家も可能な限り会っていただけるし、外交官や官僚も会えます。

例えば、私が取材したころのシルミドは、まだ韓国のメディアが全然手をつけてないときでした。その後に映画が発表されてから、いろんな人のところに韓国メディアが行って取材を拒否されました。そんな人が私に、「あんた変わったことやっているね」と。「日本人なのにどうして?」というわけです。かなり中心的な役割を担った人とか、当時の国防部の長官とか、空軍の情報部長をやってその後の金大中大統領の秘書室長になった金重権（キム・チュンゴン）さんという人も、当時弁護士でしたが、家まで行ったら明日事務所に来なさいと。それこそ死刑執行にも立ち会った方で、執行当日の描写なんかを聞かせていただきました。とにかく韓国の取材環境は非常に恵まれていると思いながら帰国した三年間でした。

▼在日の大物・町井久之氏の実像を取材

＊在日の大物・町井久之氏の実像（一九二三〜二〇〇二年）

帰ってきてから、社会部でまた警察を担当しました。警察庁も拉致事件を捜査していて、引き続き警察庁でも北朝鮮・韓国に携わりました。

町井久之さんをご存知の方もいらっしゃるかもしれません。「東声会」という、愚連隊というか在日の人たちを中心にした思想団体というか右よりの団体というか、一九六〇年代までは一世を風靡した山口組三代目の田岡さんと兄弟の契りを結んだりして、東京では相当な影響力を持った在日二世です。この人の奥様が六本木のＴＳＫ・ＣＣＣという、そこだけはネオンが輝いていたというところにおられました。そこに自宅があって、彼が亡くなったの

猛牛《ファンソ》と呼ばれた男
「東声会」町井久之の戦後史
城内康伸
裏社会を牛耳り、
繁栄へと向かう日本で
“覇権”を誇った在日韓国人——
自筆の日記、妻の証言……
活写される峻烈な生涯
新潮社 定価：本体1600円（税別）
『猛牛と呼ばれた男―「東声会」町井久之の戦後史（新潮社 2009年）

は二〇〇二年ですが、奥様は八〇代半ばでご健在だということで会いに行きました。そしたら次から次へと話されて、三時間ぐらい聞いた後に「次はいついらっしゃるの？」って言われ、次に行ったらまた三時間、四時間話を聞かせてもらい、そんなことを三〇回ぐらい繰り返し取材をしました。

彼のことはアメリカのジャーナリストのロバート・ホワイティングいう人が「日本の在日のフィクサー」だと、暴力団のトップに君臨した男のような書き方をしていますが、奥さんの話を聞いていると違う面も見えてきました。

「ご主人の書斎を拝見させてもらえませんか」とお願いしたら、「いいですよ。私はね、主人が亡くなって書斎に一度も足を踏み入れたことがありません」「もう思い出すと胸が詰まるから、どうぞご勝手に」と言われて鍵をもらって入りました。そうしたら哲学書から欧米の有名な作家の画集まで、ダーッと天井まで並んでいるんです。

〔右〕若かりし頃の町井久之氏（右）
〔左〕義兄弟と言われた力道山（前列中央）と町井久之氏（前列左から二人目）

日記が出てきたり手紙が出てきたりで、「奥さん、こういうのが出てきたんですが」と言って見せたら、「どうぞお持ちください」と言ってくれました。

それを読むと単なる暴力団の親分じゃなくて、人間的な面がまざまざと見えてくるし、在日としての苦悩も浮かんできました。それで執筆を決意しました。ちなみに日本の敗戦直後に建国青年同盟という組織ができましたが、町井さんは副団長をやっていました。昭和二一年当時です。

こちらが町井久之さん（写真右）、韓国名鄭建永（チョン・コンニョン）さんですけど、まだ髪はフサフサでリーゼントをやっています。本の表紙の写真は最後の方でバリバリのときですが、髪が全然なくなっています。

左の写真の真ん中に座っているのは、彼の盟友というか義兄弟と言われた力道山です。この二人は非常に仲が良くてしょっちゅう酒を飲んで、実際に力比べをやっていました。町井さんのボディーガードに言わせると、町井さんが建築現場でベニヤの壁にぼーんとやったら穴が空いた。しかし、力道山は穴が空かなくて、えらい悔しがっていたと懐かしそうに話したことがありました。

上の写真はちょっと珍しいもので、町井さんが率いた東声会です。一時は一七〇〇～一八〇〇人ぐらいいたそうです。もちろん在日の韓国人を中心に組織していましたが、日韓条約が結ばれる前に、日韓基本条約早期促進の集会を、町井さんのところの団体が品川で開いたもので、これも貴重な写真ですので紹介します。

「日韓基本条約早期促進」を掲げた東声会の集会風景

＊児玉誉士夫の告別式当日の日記

町井さんは児玉誉士夫さんに一時仕えていました。児玉誉士夫さんが町井さんをかなり利用した面がありました。二人はがっちり組んでいたようですが、ロッキード事件を境にして町井さんが愛想を尽かして相手にしなくなった。

一九八五年一月一九日の町井さんの日記があります。「この世の汚れをすべて清めるような大雪である」とあり、児玉誉士夫さんの告別式に行って帰ってきたところのものです。「テレビインタビューで誇大に褒める人も、死人に鞭打つ様な事を言う人もいた。泡沫なり。厳粛なる事実は既に仏であることだ。冥福を祈る」というふうに書いていています。どういうふうに捉えていいかわかりませんが、私が非常に胸を打たれた日記の一部です。皆さんどうお感じになられるでしょうか。

そんなわけで、町井久之さんの評伝を書きたいと思いました。

＊書けなかった秘話も

書けなかった秘話もあります。実はアルバムも大きなダンボールで四箱ぐらい貸していただいて、軽トラックに積んで家まで持って帰りましたが、その中から、これもおそらく本邦初公開ですが、幼少期の町井さんの写真がありました。

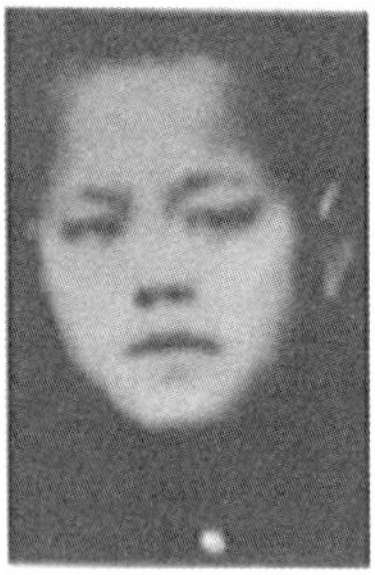
幼少期の町井久之

〔右〕金鍾泌（当時国会議員）と握手
〔中〕児玉誉士夫、朴鐘圭とともに
〔左〕祖母の墓前に跪く町井久之

それから一九六七年ぐらいのものと思いますが、初代ＫＣＩＡの部長で当時国会議員、その後韓国の首相になった金鍾泌（キム・ジョンピル）さんと町井さんが料亭で握手しています。

児玉誉士夫と、朴鐘圭（パク・チョンギュ）という朴正煕大統領の右腕中の右腕で、「ピストル朴」と言われた大統領警護室長だった人と一緒に撮った写真もありました。この二人、町井さんと朴鐘圭さんは仲が良くて、彼との縁があって韓国から巨額のお金を引き出せたといわれます。

ソウルの北側に北漢山《プッカンサン》という山がありますが、町井さんは絶頂期のときに広大な敷地を買って、おばあさんのお墓を建ててました。それが完成したときにセレモニーをやってお辞儀をしている写真です。一九七一年ぐらいのことだと思います。

〔右〕官邸で朴正煕大統領とともに
〔左〕アランドロンとともに

一九七〇年に町井さんは、当時日本の名だたる経済人を連れて韓国に行きました。まさに栄華を誇示したわけですが、そのときに大統領官邸で朴大統領と会っているところの写真もありました。

それからもっと後のことですが、一九八三年ぐらいですから、町井さんがもう表に出なくなったころ、六本木の自宅でアランドロンを接待しました。アランドロンは日本のことがとても好きだそうです。しかも陶磁器が大好きで、町井が世界的な陶磁器のコレクターだというのを聞きつけて、日本に来たときにぜひ会いたいということで訪ねました。

▼最初の北京赴任（二〇〇六～二〇〇八年）

＊北朝鮮の核問題

最初の北京は二〇〇六年から二〇〇八年で、北朝鮮の核問題をめぐる六者協議が盛んなときでその関連取材で走り回っていました。面白かったのは、通常は日本の代表団からブリーフィングを受けるのは日本の記者が中心なんですけど、私は韓国にも知り合いがいるし、せっかくだから北からも聞くことにしました。実は英語が駄目なものですから、クリストファー・ヒルというアメリカ代表が会談から出て来るのを待って〝ぶら下がり〟(立ったまま記者がマイクを向けるインタビュー）をするんですが、長くなると私は聞き取れないのでイライラしていました。

私は警察取材でやったように、朝と夜には北の知り合いのところへ行って話を聞き、それを韓国の代表団に当てて、その後また日本に当てるという繰り返しでした。あっという間に二年間は終わってしまいました。

▼三度目のソウル赴任（二〇〇九〜二〇一一年）

〔右〕北朝鮮の貿易業者たち
〔左〕脱北者の女性たち

＊中国に入ってパイプ作り

その後、三度目のソウル勤務をしました。やっぱり北朝鮮の人たちと接触した経験は忘れられず、二年間の間に二四回中国に入って、引き続き北朝鮮関係のパイプ作りに努めました。もちろん韓国の仕事もちゃんとやった上でのことです。

この写真はその当時時々会った北の貿易業者です。これもちょっと珍しい写真で、丹東《タントン》という北朝鮮の新義州と鴨緑江を挟んで隣接する中国側の国境の町の地下教会です。女性三人は脱北者です。アメリカや韓国から来ている人は多くがクリスチャンで、キリスト教の布教の中で脱北者とつながる形が多いようです。

＊帰還事業阻止工作の取材

三度目のソウル赴任時には、帰還事業を取材しました。韓国も民団も「北送事業」と言いますね。

一九五九年から八四年にかけて在日の人たちが、北朝鮮に帰って行きました。「北朝鮮は地上の楽園」という宣伝を信じて帰ったものの、実は全然違っていて、ずいぶんと苦労され悲劇も生みました。一九五九年当時、韓国は李承晩政権でした。北朝鮮は帰還事業を「帰国事業」と言っていますが、帰国者総数九万三〇〇〇人はもともと南出身の人がほとんどです。ただ韓国側にべったりくっついた「北送事業」という言い方も若干の違和感があるので、私は「帰還事業」と呼んでいます。

この事業が日本で始まる動きを察知すると、韓国政府は妨害工作のために日本に密かに人を送りました。この妨害工作を取材しました。秘密工作員は計五五人いたといいます。朝鮮戦争の時に学徒義勇軍として日本から韓国に渡って韓国軍とともに戦ったOBや警察志望者を、警察官として正規採用してやると言って訓練して日本に送り出しました。たしか第三派

「帰還事業」阻止のための秘密工作員たち

遺隊までありました。これはその写真す。
船で日本に行く途中台風に遭って難破して亡くなった方もいました。ところが日本で活動しているうちに、韓国政府が工作資金を出さなくなるんです。そうこうするうちに李承晩政権が四・一九革命で倒れて、これを発案した政権がなくなったものですから、彼らは糊口をしのぐことに汲々とするわけです。廃品回収をしたり、パン屋でパンの耳をもらって何とか生きるといった悲惨な状況になりました。
私が取材したとき、韓国で生存している方は九人まで確認できました。この方々にお願いして、お願いして、これもまた韓国政府が邪魔しましたが、なんとかお願いして話を聞かせていただきました。
これは絶対に形にしなければいけないと思って、帰国後に帰還事業の関係者の証言を合わせて、つまり帰還事業がどうやって実現するに至ったかという歴史も合わせて本にしました。

映画監督の森達也さんが書評を書いてくださいましたが、「韓国の秘密工作員というとシルミドのような派手なドラマを想像しがちだが、この部隊の話は絶対に映画にはならないだろう」とあるんです。あまりにも地味で、要するに成功談は何もないんです。工作員だった方々も、「格好いいことが言えればいいけど、何にもできずに終わったんだ」って言うんです。それがまた私の胸を締め付けて、書こうという動機になりました。

＊情報機関が「地下放送」

朝鮮戦争勃発から六〇年で連載企画をするときに、韓国政府が運営する「地下放送」を記事にしました。

この問題は、当時韓国のネットを見ても出てこなくて、韓国メディアは一切触っていません。なぜかというと、「人民の声放送」と言いますが、これはソウルの国家情報院が平壌の反体制派の体裁をとって秘密裡に流していた謀略放送だったからです。平壌の反体制組織が共和国国民に向けて、地下放送を流すという体裁をとっていたんです。

だから「こちらは平壌です」みたいな感じで流れます。日本とか韓国でその短波放送を聴こうとすると、北朝鮮が流すジャミング（妨害電波）でまったく聴けません。私はこれを放

長いアンテナが立つ「地下放送」の拠点

送する拠点を発見したんです。この写真がまさにそこです。長い棒がアンテナ塔です。確か一六本ありました。

その存在はまったく公にされてませんが、私は秋葉原に行って六万円もする受信機を自腹で買いました。塔の側でアンテナを開いて放送開始を待っていたら、突然バーンと聴こえてきて涙が出そうになりました。その出だしのところをお聞かせします。

지금부터 조선노동자 총 연맹에서 보내드리는 인민의 소리 방송을 시작하겠습니다. 조선 노동자 총동맹은、 인민의 기본인권과 권익이 보장되는 센 세상을 세우기위해 선군독재에 맞서 싸우는 여러분들의 결사 조직입니다. 김정일 독재 정권은 사회주의와 선군정치의 미명하에 극악무도한 3대 세습체제를 구축하기 위해 인민을 향한 폭압과 착취

에 미쳐 날뛰고 있습니다. 조선노동자 총동맹의 인민의 소리 방송은、이 땅의 인민의 자유와 권리、참된 행복이 보장되는 민주사회가 실현되는 그날까지 진실된 소리를 전하며、조국과 인민해방을 위한 투쟁의 선봉대로 싸워나갈 것입니다.

今から朝鮮労働者総同盟でお送りする人民の声放送を始めます。

朝鮮労働者総同盟は、人民の基本人権と権益が保障される強い世の中を打ち立てるために先軍独裁に対抗して戦う皆様の結社組織です。

金正日独裁政権は社会主義と先軍政治の美名の下、極悪無道な三代世襲体制を構築するため、人民に向けた暴圧と搾取に狂奔しています。

朝鮮労働者総同盟の人民の声放送は、この地の人民の自由と権利、真の幸福が保障される民主社会が実現するその日まで真実の声を伝え、祖国と人民解放のための闘争の先鋒隊として戦っていきます。

放送の内容は韓国側に亡命した息子が自分の母親に送った手紙を読むコーナーとか、いかに体制が酷いものなのかという宣伝です。その存在を書いたら関係者から呼ばれまして、「あんた、あんなこと書いたら次のビザ更新の時に何かあるかもしれないよ」と言われました。

＊特別掃海隊の取材

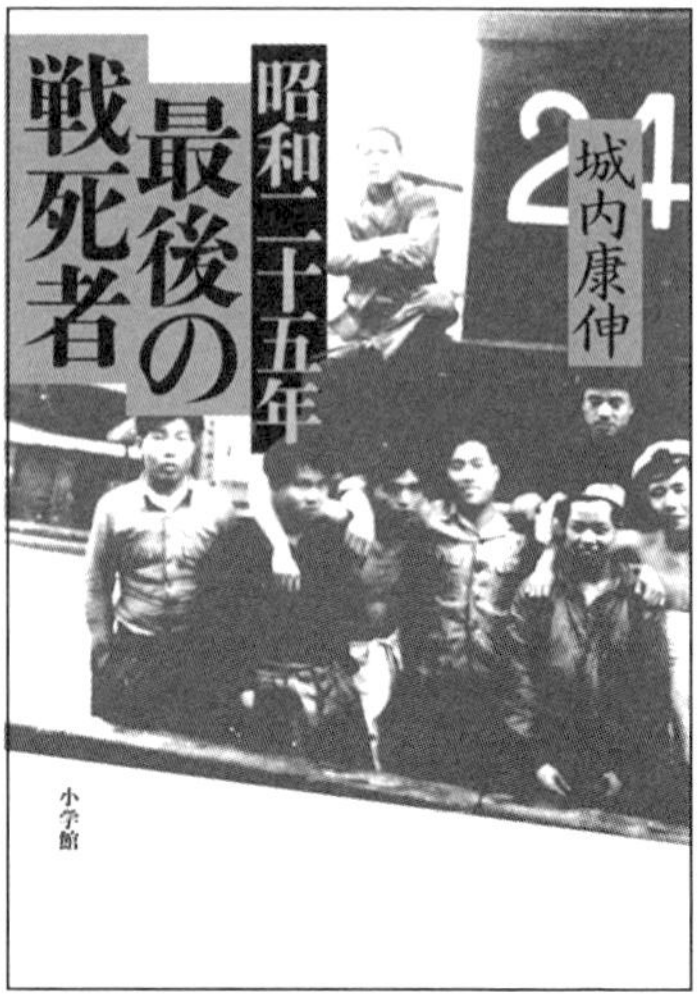

『昭和二十五年　最後の戦死者』
（小学館　2013 年）

『昭和二十五年　最後の戦死者』はその後朝鮮戦争のときに、海上保安庁の掃海隊が元山まで行って、戦場まで行ったときのことを書いたノンフィクションです。おかげさまでちょっとした賞（第二〇回小学館ノンフィクション大賞優秀賞）をもらいました。その後また二〇一五年から二度目の北京に行くことになりました。

▼再び北京赴任（二〇一五～二〇一九年）

＊再び北京へ

始めは会社からソウル行けと言われました。何をしに行くのか聞いたら「北の取材をしっかりやってほしい」と言われました。それなら韓国よりも北京の方がいいと思いました。なぜかというと、韓国で得られるのは韓国というフィルターを通した北朝鮮情報です。他方、中国と北朝鮮には国交があり往来が盛んです。私がいた二〇一六年に北から中国に入った労働者はおよそ一〇万人いたと言われています。だから直接話が聞ける機会がたくさんある。

もっとも、彼ら北の人は非常に警戒心が強くて、南の人間や外の人間と勝手に話をするなと厳しく言われています。それでいろいろ手立てを尽くします。最初は何をしていいかわからなかったので、一度目の赴任時には三日間は北朝鮮大使館の前の、道を挟んだところから人が出入りするたびにひたすら写真を撮りました。

先ほど申し上げたようにソウル赴任のときに中国に行ったりして人脈を少しずつ作ってきましたから、それをもとに知り合いを紹介してもらうというように、人から人を伝って核心に近づこうという努力をしたという感じです。

本当はいけないことですが、ときには身分を詐称することもありました。なぜかというと、中国の協力者から知人を紹介してもらう場合、新聞社だとか日本の記者だというと絶対に嫌がります。「在日の同胞」と言えといわれ、わざわざ名刺を作り在日同胞を騙って会うということもありました。そうすると彼らは、結構いろいろ話してくれます。彼らもやっぱりビジネスがしたいんですね。

こちらは別のことも聞きたい。政治のことを聞き始めると、「お前なんでそういうこと聞くの？」「何でそんなこと詳しいの？」と、相手が変に思うわけです。だから結局は長続きしなくて、情報源とするには無理があり、この身分を偽ることはやめました。

当時、情報源としてつくったのは主に二つです。一つは完全に体制側の人です。彼らが出力する内容というのは北朝鮮体制に忠実で、体制の宣伝に沿ったことを語ります。それなら新聞を読んでいればいいじゃないかと思われるかもしれませんが、一つ大きな収穫があります。その労働新聞の内容について、直接北の人から解説してもらえるわけです。

こんなことは韓国に居たらできません。私よりも研究されている人より、私はその部分で北の人間から直接解説を受けているんだと、そこに醍醐味を感じました。

もう一つは北朝鮮の体制について否定的な、決して北の公式メディアは出さないネガティブなところを話してくれる人です。この二種類の方々にお付き合いしていただきながらやっていました。

＊大事なことは信頼関係

そういう場合でも、一番大切なのは信頼関係です。先ほど申し上げたように北は非常に警戒心が強くて、会っちゃいけないというのが原則なので会ってくれる人はなかなかいません。それでも、命がけで私に情報を提供してくれる人もいるわけです。例えば内部資料を保存したＵＳＢとかマイクロＳＤを平壌から持ってきてくれる人もいました。彼らは薄給で、しかも上納しなきゃいけない。だから謝礼は欠かせませんでした。

私がやってきた三〇年はいったい何だろうかと考えました。一つには、やっぱり私は取材対象をアウトロー的な存在の人を選んできたような気がします。つまり日の目に出ない、決して表に出てこない人たちを選ぶということを、朝鮮半島取材の中で無意識のうちにやっていたと思います。「ならず者国家」と言われている北朝鮮との縁も、そういうところからできたのかなと思います。

それから、人が知らないことを書きたいとか、誰も知らないことを先に取りたいという意識があります。正義感というよりもむしろ競争に勝ちたいとか功名心とかでしょう。俺しか知らない事実があると。そこが取材執筆の原動力になったような気がします。

いずれにしても、朝鮮半島に関われたことは、記者冥利に尽きると思っています。去年、定年になりましたが、引き続き朝鮮半島関連の取材に関わっていきたいと思っています。ありがとうございました。

（日韓記者・市民セミナー　第四二回　二〇二三年一月一九日）

第11講　総連と民団の相克77年

竹中　明洋――フリーライター

九月一四日に、小学館から『決別　総連と民団の相剋77年』という本を出版いたしました。ノンフィクションが読まれない時代です。総連と民団という一般の日本の読者に読まれないテーマを、どう読んでもらおうかと非常に悩み葛藤した本です。

実は三年前に、大阪の在日の柳川次郎という人物の評伝を出版しました。その後、出版社の提案でこのテーマを書くことにしました。

まだご覧いただいてない方もいらっしゃるのではないかと思います。これから読んでいただけると期待しつつ、本の中身について踏み込んだ話をするよりも、書くに至った経緯とか、私がどんなことを考えながら取材し書いたりしたのか、そんな話をさせていただけたらと思っております。

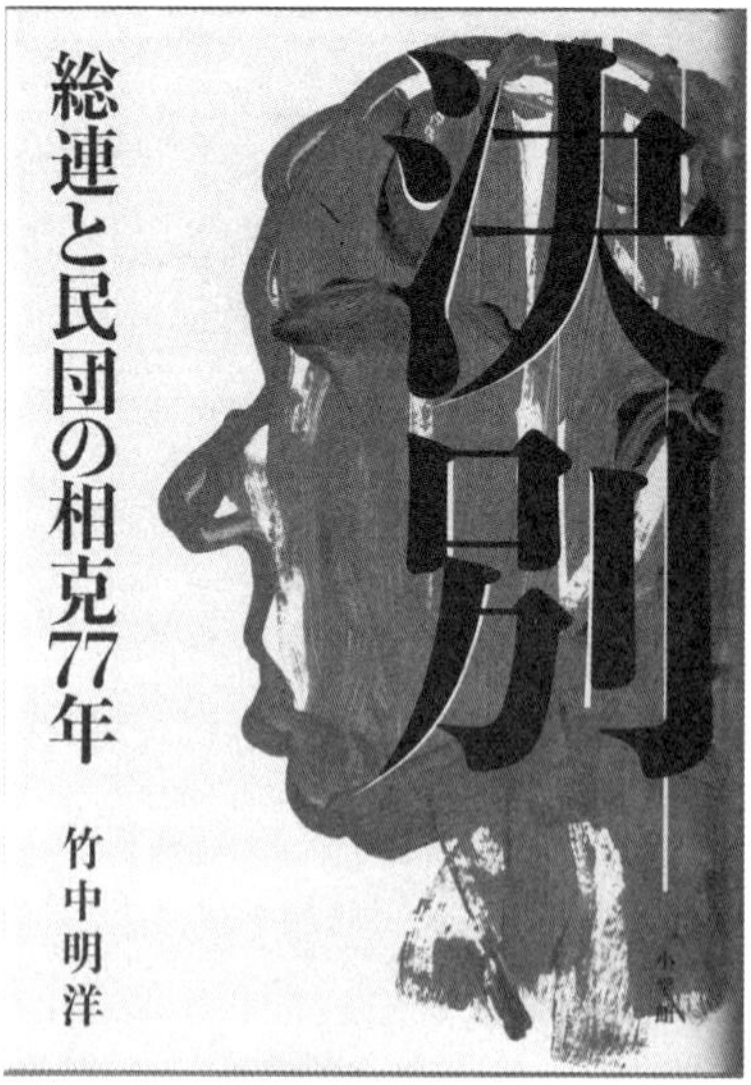

『決別—総連と民団の相克 77 年』
（小学館　2022 年）

この日本社会の大切な一員である在日コリアンの皆さんとどう向き合ったらいいのか、ヒントみたいなものが見えてきたらなあと思って話をさせていただきます。

▼週刊誌の記者時代

出身は山口県の周南市です。昔は徳山と言っていました。かつては朝鮮学校もあって比較的在日の多い町です。私の妻も在日ですが、彼女の父も徳山で育ったことを後で知るわけですけれども、そういう町に生まれました。

その後マスコミの仕事で韓国と関わることも比較的多かった方じゃないかと思います。ですから平均以上には在日コリアンについての知識を持っているつもりです。逆に言うとその程度だったと言いますか、深く関わりがあったとか、深く取材をしようと最初から思っていたわけではありません。

『週刊文春』にいた時代もあります。ちょうど李明博(イ・ミョンバク)政権から朴槿恵(パク・クネ)政権に代わる頃でした。李明博大統領が竹島に上陸したり、天皇に謝罪を求めるような発言をしたり、それから朴槿恵政権になると慰安婦問題などで日本国内の世論が韓国バッシングに傾いていていた時代です。

出版界では嫌韓本、嫌韓流というのが大流行《おおはやり》の頃で、私がいた雑誌もよくそういうテーマを取り上げていました。

文春では毎週、読者の皆さんに、今週号で特に面白かった記事は何ですかというアンケートをとっていて、ランキングが出るんです。そうすると、その類の記事がズラズラズラと上の方を占めるという、何とも言えない状況が続いていました。

その後、文春は芸能ネタで不倫がどうのとか、その類の記事をいっぱい出したこともあって、読者層がかなり若い層にも広がっていきました。ただ当時はどちらかというと五〇代六〇代の年配の男性が多かったです。この層の読者がそういう記事を求めていたという事情がありました。きっと背景には韓国がグーッと成長して日本を追い越すという局面が出てきて、かつてあった優越感が失われていくことへの焦りや危機感が見え隠れしているというふうに、当時は思っておりました。

私自身も何度も韓国に出張しました。韓国の政府系シンクタンクに東北アジア歴史財団というところがあります。竹島や慰安婦等々の歴史問題で調査研究をしたり、理論武装したりするようなところがあったんです。そこの活動を紹介する記事を書いたり、徴用工の問題で、韓国はこんな事をやっているぞというような記事を書いたりしました。

私が大いに反省してるところですが、当時は出版界を挙げて韓国叩きをやる状況でありまして、そのような記事を粗製乱造していたわけです。感覚が麻痺していたという面もあろうかと思います。

そういう週刊誌の記者をやっていた時代に、取材で大阪に行く機会が多くありまして、偶然の機会から鶴橋界隈で在日の友人たちができて、そこから付き合いが始まりました。記者を辞めて、鶴橋生野に近いところに暮らすようになりまして、縁があって在日の女性と仲良くなって結婚に至り、そこでようやく等身大の在日の皆さんの生活を知ることになりました。大阪でいろんな方と付き合う中で、肩肘を張らないで付き合いができるようになりました。今も様々な課題が残っていることを初めて知り、同時につまらぬ記事を書き散らしていたことへの反省も、非常に強く思うようになりました。そういった私の個人的な体験というものがこの本の底の部分で流れることになります。

▼書く上での問題意識

本を書くにあたっての問題意識といいますか、総連と民団という二つの組織を取り上げつつ、在日コリアンの戦後の歴史を書いたわけですが、よくあるような日本社会や行政の差別性を厳しく糾弾する本にはあまりなっていません。

例えば朝鮮学校を取り上げた章もありますが、そこでは自治体からの補助金が削減されていく問題とか、教育の無償化から取り残されてしまっている実態を厳しく問いかけるわけでもない。その意味ではちょっと語弊がある言葉ですが、あまりやさしくないんです。誤解を非常に与えるかもしれませんが、取材する人間としてのモットーとして「突き放しつつ寄り添う」って、なにか偉そうですが、やっぱり距離感というものを大事にしつつ問題を指摘するということをしていかねばならないと思っています。

ノンフィクション作家で野村進さんという方がいらっしゃいます。この方の著作に『コリアン世界の旅』があります。私が大学を卒業した一九九六年に出版された本ですが、文章もよく練り上げられていて、今も度々読み返しています。この方が、日本のマスメディアは在日コリアンに対して、これまで二通りの見方しかしてこなかったと指摘しています。

一つはなんだか重苦しくて厄介そうな話だから取り上げない方が無難だろうという事実上のタブー視です。もう一つは、「強制連行」や「国籍条項」、「指紋押捺」といった用語がことさら強調される在日問題としての問題視であると、このようにお書きになっておられます。

そして野村さんはどちらの見方にも違和感を覚えたといいます。

「タブー視はもちろん言うまでもないけれども、問題視も結局お互いのためにならないのではないか。いずれの場合もすっぽり抜け落ちているのは、通名を名乗っていたり、日本国籍を取っていたりするがため、私達から見えなくされている大多数の、韓国朝鮮系の人たちの日常の姿なのである」

何やら難しいものとして在日の問題を本にしてしまっては、一般の読者に読んでもらえない。そこをやっぱり乗り越えないといけないだろうと思っています。

非常に残念なのはヘイトスピーチです。いろいろ規制がかかっているとはいえ、在日に対してバッシングして、ある種のカタルシスを覚える人たちが今も少なくないという現状があります。やっぱりちゃんと知ってもらうこと、興味を持ってもらうことが差別なき日本社会に繋がっていく、非常に大切なプロセスだろうと私は考えています。

▼柳川次郎氏、水面下の日韓交流

そうした問題意識の中から、先ほども申し上げました三年前に、柳川次郎という人物の本を書きました。

大阪では非常によく知られた伝説的な武闘派のヤクザで、彼は韓国の釜山出身の一世です。もちろん、ヤクザを持ち上げるかのような、あるいは暴力を肯定するかのような、そんな本を書いたわけではありません。彼は四〇歳でヤクザをやめてカタギになりました。日韓の水面下で日韓の交流に関わった人物でして、こういう人物がいろんな役割を果たした。そのユニークさとか面白さというものを通して、戦後の大阪の在日社会を描いたつもりです。

一般の人に読んでもらいたいという意識でしたが、全国の書店の中で一番売れたのはジュンク堂の三宮店だったそうです。神戸という土地柄がそうさせる気もするんです。総連や民団という、とっつきにくいテーマにもかかわらず、それをどう両立させるか、どうすれば読んでもらえるかという試行錯誤は、この中に出ていると思います。

例えばこの本の第二章で帰国事業について取り上げています。

「地上の楽園」というプロパガンダのもとに、一九五九年から八四年まで九万三〇〇〇人もの人たちが北朝鮮へと渡っていきました。差別と貧困にさいなまれるよりは、向こうでの可能性にかけて渡っていったわけです。その先に多くの悲劇が待っていたことは、皆さんよくご存知の通りだと思います。

この帰国事業を取り上げた章では、あえて主人公を新潟にお住まいの小島晴則さんという日本人にしました。これは日本人の読者にも、他人事《ひとごと》ではない、我が事として読んでもらいたいと思ったわけです。

この小島さんという方は、帰国事業を日本側で支援する団体の新潟県本部の事務局長をされていた人でした。帰国事業を積極的に後押しする側の一人だった方ですが、個人的な人間関係の中で、帰国事業というものの実態を彼は知っていくことになります。

お話を聞いた時、小島さんは九〇歳ぐらいでしたが、いろんなことを克明に覚えていらして、情感たっぷりにお話をされ、取材してるうちに私もどんどん感情移入していくんです。

そしてこの運動の非人間的な部分を、切々と私に聞かせてくれるわけです。感情移入しながら取材していくそのプロセスみたいなものを、ぜひ読者の皆さんにも追体験してもらいたいと思いながらこの章は書きました。

▼「日本の中の朝鮮戦争」と日本社会

先ほど総連と民団というテーマは、出版社から与えられたものと申し上げましたけど、なぜ総連と民団をテーマにするのか自問自答しました。

総連と民団という二つの組織の対立が生み出すダイナミズム、それを描いてみたいと思いました。「南北の代理戦争」という言い方もされたりしました。ちなみに出版社から出されたタイトル案には「日本の中の朝鮮戦争」というものもあって、それぐらい激しく対立していました。逆に言うとこの二つの組織の対立の歴史、対立の過程を見て、日本人は朝鮮半島で起きている二つの国の緊張関係をまざまざと知ったわけです。ある種、可視化する効果があったんだろうと思います。二つの組織の対立を見て朝鮮半島の対立を知り、そこにまた日本社会の側も関わっていくことで、日本社会も突き動かされたという面があると思います。

総連の最盛期は六〇年代とか七〇年代ですが、「三総（創）」などという言葉がありまして、総評、創価学会とともに、総連は日本で強い影響力を持つ組織の一つに数えられたわけです。

特にリベラルな知識人の層はやはり総連にシンパシーを覚え、総連も強い影響力を持ちました。そういう意味では日本社会でも非常に深く関わったと思います。

特に民団は権利を獲得していく様々な運動を通して、日本社会に対して非常に根源的な問い掛けをしてきた組織だと思います。つまりこの日本という国は、在日社会あるいは外国人社会とどう向き合うのかという問いかけを常にしてきた組織だと思います。

総連や民団という組織を描くことで、在日社会だけではなくて、日本社会そのものも描くことに繋がらないかと考えました。必ずしも成功しているとは言えませんが…。

さらに言えば、ちょっと言葉が過ぎるかもしれませんけども、総連も民団もいまや共に力を失って、三世四世の若い世代の間でその影響力は急速に陰りが出ていると思います。何がダメなのか、どうすれば解決策に繋がるのかということを探ってみたかったということです。

取材を通して実感したのは、日本と韓国、北朝鮮という三つの国の狭間にある在日コリアンの置かれている状況というものの非常な難しさです。難しくもあるけれども同時にユニークであり、ものすごく大きな可能性を持っているとあらためて思いました。

▼「在日を生きる」詩人＝金時鐘

在日を代表する詩人に金時鐘（キム・シジョン）さんがいます。私も尊敬申し上げている方ですが、金時鐘さんは釜山にお生まれで済州島で少年時代を過ごし、四・三事件に関わって命からがら大阪に逃げてこられました。大阪で総連の活動をしますが、総連の権威主義的な部分に反発を覚えて雑誌でそれをお書きになったところ、ものすごい攻撃を受けて組織にいられなくなる。そして帰国事業が始まる中で北朝鮮に渡りたいと思ったけれど、それもかなわなくなります。浴びるようにお酒を飲み、「自分は在日を生きるんだ」という命題にたどり着き、それをテーマとされて、いろんな創作活動をなさっています。その金時鐘さんの、非常に印象に残る言葉があります。

「一つの家庭の中でも、親父と息子の国籍が違い、兄弟同士でも対立関係にある家庭はいくらでもありました。だからといって家族が反目して四散もしませんし、同じところに住むんです。民団支持、総連支持の別があっても同じところに住んで、同じように冠婚葬祭も場を同じくしてともにあげてきました。反共が国是の韓国、一族王権の閉鎖的な北朝鮮、一緒にいたというだけで罰せられる南北の厳しい対立の中でも、在日朝鮮人は在日という一つところを、ともあれ、共に暮らしてきました。

在日朝鮮人の生活実存は民族融和を醸成していくうえで、実に先験性（先んじて経験と実験を積むという意味の金時鐘さんの造語）に富んだ可能性を抱え持っています」

やっぱり在日コリアンだから持つ、その可能性みたいなのを、私もあらためてそうだなと思った言葉です。ただ、私の在日の友人たちにすると、今を生きていくのに精一杯で、そんな面倒なことまで期待されたら叶わんわ、みたいなことを言う方がいますが、それもそうだなという気もします。

▼民団と総連の現実

総連と民団は、歴史的に多くの成果を残してきたと思いますが、今の在日のみんなにちゃんと向き合えているのかというところでは、やっぱり非常に残念な部分もあります。

例えば民団ということで言いますと、昨年の二月頃からの中央の団長選挙をめぐる混乱というか内部対立というか、これが続いてる印象が強いです。当事者の皆さんは組織内の民主主義を守るという強い使命感をお持ちであることは十分に承知しています。だけど収拾に時間がかかっていて、もっと何か知恵がないのかと残念に思います。

総連についてはもっと状況が深刻でして、二〇〇二年の小泉訪朝で、金正日（キム・ジョンイル）が拉致を認めて、日本国内で湧き上がってきたバッシングの波に立ち往生して、それ以来うまく回ってないという感じが強いです。何よりもどうかと思うのは、総連は日本の内政に不干渉の立場を取っていることです。日本国内の政治情勢に干渉しませんという立場を取っている。そのため、日本国内で在日コリアンがどう暮らしやすくしていくか、どうやって権利を獲得していくかといったことに対する関心が、薄いというか熱心じゃない、取り組まない。この姿勢はどうかと思います。

地方公務員のいわゆる国籍条項の問題についても、たしか九六年に川崎市が先駆けて撤廃する動きが出たとき、総連は「民団が主張する参政権と並んで同胞の民族性を曇らせ、同化の道に繋がる」と言って反対声明を出しました。若い世代が日本への定住志向を強めている中で、これは何だと当然写ると思います。

生徒の父母と日常的に接している朝鮮学校の先生たちは、やっぱりこのままじゃいけないという危機感が強くて、話を聞くとそうだよねっていう部分が多かったように思います。ちょっと話がそれてしまうかもしれませんが、朝鮮学校ということで言えば、一生懸命存続に向けていろんな運動をやっていて、熱心な活動にはすごく頭が下がる部分もあるんです。だけど日本社会に対して有効なアピールがまったくできてないと思えます。元総連にいた人の話ですが、安倍政権下で非常に進んだ朝鮮学校に対する厳しい規制を総連側は強く非難したけれど、一方で北朝鮮で行われている人権抑圧に目をつぶって何も言わない。それでは日本人の中に共感が広がらないよねみたいなことを言っておられる方がいました。やっぱり確かにそうだなと感じました。

一方で、私の妻は三世ですが、三世、四世の若い世代の間では、総連、民団に対して無関心な人たちが増えています。マスコミはどうしても声を上げる意識的な人を取り上げますが、若い中には意識的な人もいるようでいないという部分もあります。

調べてみますと、一九五五年はおよそ七〇%近くが同胞同士で結婚されていましたが今は一〇%を切っています。しかも、ややペースが鈍っていますが、数年前までは毎年一万人のペースで日本国籍をとる方が出ています。こういう状況に対する対応はやっぱりできないのかと思います。

じゃあまったく期待できないのかと言いますとそんなこともなくて、二つの組織ともに、なんとか良い方向に変えていこうという人たちがその都度出ています。そこは希望を見出したいと思います。

一見すると鉄の結束でガチガチに内部統制しているかのような総連でも、これまでにも「このままで良いのか」と声を上げる人が出ては消えを繰り返しています。今後も注目していきたいと思っております。

▼出版後に募る反省点

本を出した後、細部においては知識を得てそれを熟成していくという作業が十分ではなかったこともあって、解釈がおかしいと指摘されたり、誤りも散見されて、お叱りもたくさん受けました。ある総連関係者の方から、取り上げてくれたのはとてもありがたいけど、協力したが故に、組織との関係がややこしくなったと言われ怒られたりもしました。

そういうろんなお叱りを受けたということを、ある在日の研究者の方にこぼしたところ、「それでこそ価値がある」「在日の団体というのは、一度ガラガラポンしないといけない。そうしなければもうお先真っ暗なんだから、どんどんあんた怒られたらいいよ」と言われて、そんなことでいいのかなと思ったりもしました。

それから、これは反省点です。どうしても対立の構図というのに落とし込もう落とし込もうとしてしまいました。出版社が出してきたタイトル案に「日本の中の朝鮮戦争」がありましたけど、もっと即物的に「総連VS民団」があって、それだけは勘弁してくれと言いましたが、いずれにしてもそういう構図で描き過ぎてしまったように思います。

もちろん対立あるいは競争することで、二つの組織の活力が培われたという面もあったとは思うんです。実際にそれぞれの組織で活動された方々は、互いにどうバチバチやるかということよりも、目の前の同胞の暮らしをどう良くしていくか、日本社会の差別の構造をどうやって変えていったらいいんだろうといったところでいろいろ悩まれ、取り組まれた部分も非常に多くあると思います。そういう意味では、ちょっと単純化しすぎたなと思っています。

それから歴史的なものをテーマにしたときによく陥る罠があります。

いまを生きてる私の目線で七〇年前六〇年前のことを見てしまうということです。例えば、私は当然いまの北朝鮮の政治体制や経済状態を知っていますから、どうして「地上の楽園」などということを信じて渡ってしまったんだろうと、どうしても思ってしまうわけなんです。差別や貧困に苦しんでいたあの時代の人たちにとって、社会主義が光を放っていたわけで、今の目線で描き過ぎたきらいがあってこれは猛烈に反省しております。

いずれにしても、取材に三年もかかってしまいました。コロナでなかなか人に会えなかったことは非常につらかったです。しかも活字離れ、ノンフィクション離れが強く、出版社は昔と違ってこの手の取材に経費を出してくれません。自分で取材費を捻出しないといけなくて、まったく利益が上がらないという、今さら引くに引けないので最後まで取材して書いたという面もあります。

また、日本人である私が在日を書くということに対するなんとも言えない居心地の悪さを感じました。さらに、過去の歴史に対する反省とか贖罪の意識もありますし、週刊誌時代につまらない記事をいっぱい書いてしまったモヤモヤ感もあります。取材を重ねていろんな知識を得るようになっても、どうも自分の中で血や肉になりきれてないという悶々とする三年間でもあって、しんどくもありましたし、消化不良のまま中途半端に書いてしまったこと、あるいは書ききれなかったこともたくさんあります。

ノンフィクションのジャンルを書くことはとても業が深い作業でして、四〇〇ページも延々と書いたにも関わらず、あれを書いておけばよかったとか、あれを取材しておけばよかったと、出した後になって思えてくるんですね。

もっと売れて増刷することになれば、修正を加えることもできて、さらに多少は書き足したりもできますので、もっと売れたらいいなと思っております。今日は皆さん本当にありがとうございました。大変感謝しております。以上です。

〔質疑応答〕

（Q）取材の過程の中で日本人であることの居心地の悪さがあったということですが、具体的なエピソードがあれば教えてください。

（A）例えば帰国事業です。「地上の楽園」という言葉に代表される北朝鮮や総連のプロパガンダに乗せられて北朝鮮へと渡っていったとよく説明されますし、僕もそういうふうに理解していました。でもよく調べれば、当時の日本政府が厄介払いの形で、陰に陽に後押ししているところがあるんです。それを知ったときに恥ずかしく思いましたし、僕がうかつにこの事業を論じていいのだろうかと、モヤモヤモヤモヤしたものを感じました。

（Q）本の最後のところで「先験性」という言葉がありますけど、そこに反応した人が多いです。この先験性で未来を見つめる在日がいるし、アジア共同体といった場を意識するような在日がいる。これからの在日の先験性に関して、特に何かお感じになることがあるようだったら、お話をいただきたい。

（A）「先験性」という言葉は金時鐘先生の言葉です。例えば、ひょいっと国境を越えてみせる、すごいことだと思います。私なんかは山口の徳山の出身だと申し上げましたけど、いったい何代前から農家をやっているんだろうっていう農家の出なんです。親の代までひょいひょい国境を超えるなんて、全く知らない世界で生きていたんです。植民地支配した側とされた側の違いももちろんありますが、国をまたぐ感覚は本当にすごいと思っています。

（Q）民団と総連の統一ということももちろん大事ですけれど、在日朝鮮人・在日韓国人というのが、二世と三世で違うと思うんです。僕らの世代、三世、四世ぐらいなると、もう在日朝鮮人というより、はっきり言って朝鮮系日本人ですよ。その中で日本政府との和解という視点も大切なんじゃないか。日本の中の在日系を見てると、バッシングか、でなければ傍観者のような気がしている。

帰国事業も日本政府に責任があったんじゃないかということですが、帰国事業の救援活動も拉致問題も一緒にやったらどうですかと、ある場所で提案したら黙殺されました。そうなっちゃうと、すごく何ていうんですか、正義感がちょっと白々しく聞こえちゃうみたいことがあります。

僕は嫌韓も反日も大嫌いです。日本と在日の向き合い方も、より当事者っていうか、それこそ同じ日本人、日本に住んでる者としての。そういうふうな視点っていうのも、必要なんじゃないかと思う。日本と在日との関係、日本政府と在日との関係についてどのようにお考えでしょうか。

（A）もちろん拉致はあってはならないことなんですけど、拉致問題で一方的に北朝鮮を攻める、自分たちは悪くないみたいな態度取るのは私も非常に疑問です。

日本政府としての責任、もちろん日本政府は拉致に関与しているわけではないんですけど、もっと歴史的に見て、南北分断を生んだということも含めて、日本の側の責任というのをもっと考えることがあってもいいんじゃないかと僕も思います。

日本政府と在日、とっても大きなテーマで、何と答えていいのかわかりませんが、今後のテーマにしたいなと。今を生きる在日の皆さんに答えを提示できていないのは、総連や民団だけでなくて、日本政府あるいは日本社会もそうなんだと思うんですね。

（Q）この本を民団、総連の中央本部あるいは地方本部に献本というか、贈りましたか。出版については知っているはずですから、その反応みたいなことも含めてお願いします。

（A）今ご指摘いただいて、献本しておけばよかったと思いました。やってくれというふうに出版社に働きかけます。

反応についてですが、両組織から直接はいただいておりません。懇意にしている民団の大阪本部の方からは概ね温かい言葉をかけていただいたと思いますが、団長選挙の経緯など、みっともないことを書いてもらいたくなかったとのご指摘などはありました。

でもこれを含めて民団だと思います。まとまりがないんだけど、それはある意味で健全だし、民団らしさだと思って書いたんですけど。（注＝その後、団長選挙をめぐる記述について誤りがあるとの指摘を民団中央本部より受けました）

残念なのは総連側です。基本的に黙殺ということだと思います。もちろん個人的に親しい人は言ってくれますが、それなりの人たちが何か言ってくれればいいんですけれど…、厳しい批判なり、違うという反論なり。そういうところはこれまた総連らしい反応かなという気がしております。

（日韓記者・市民セミナー　第三八回　二〇二二年一〇月七日）

第Ⅲ講　次世代に伝える日本と朝鮮半島の話

羽原　清雅——元朝日新聞政治部長

羽原と申します。朝日新聞で四〇年ほど政治を中心に取材をしていました。このセミナーにもときどき来させていただいて、自分としても少し考えをまとめようと思いましてやってきました。よろしくお願いします。

最初に、僕は韓国・朝鮮問題に決して詳しくはないので、自分なりの経験のところから入っていきたいと思っております。

▼韓国・朝鮮への関心

朝鮮戦争が始まった一九五〇年、僕は小学校六年生で新宿の若松町に住んでいました。今、韓国学校がございます。そこに民団の事務所があり、北朝鮮の側はそこから一〇分ぐらい離れたところの原町に総連の本部がありました。戦争による南北分裂ということですが、石の投げ合いが何度かあって、僕は何もわからないまま、とにかく見に行きました。新聞が好きで、記事は一応目を通していたので、民族の対決であるというような印象をそこで初めて持ったわけです。そのときは子供でしたから、背後関係はわからなかったのですが、関係が次第に悪化していくというような時期でした。

▼韓国・朝鮮への関心

＜1936年2・26事件、37年日中戦争勃発（盧溝橋事件）、38年国家総動員法公布→戦後へ＞

1）民団・総連の衝突（1950年ころ）1950.6勃発―53.7停戦
民団（新宿・若松町）VS総連（同・原町）数度の投石騒ぎ―民族の対決
2）小松川事件（1958年8月）李珍宇による後輩の女子高校生殺害
犯行に非難殺到→苦難の幼少期、貧困悲惨な生活実態（食・職・学・差）
3）大学ゼミ仲間　李炯祚君―大分出身、貧窮の上京・苦学、日本の戦争批判、中国人民公社の研究
―60年安保のなかで、のちに総連奨学生を担当
4）帰国船取材―1962.4月以降　新潟・マンギョボン号第100船のころ（1959.12-67.12）
新潟駅で逃げる若者／家族内の帰国組と残留組／運動会、演芸会の送別
「地上の楽園」「完全就職・生活保障」と日本での差別―復興途上の日本、アジアの貧困
佐藤勝巳、小島晴則＜のち転向＞の取材―帰国記念のレリーフの清津港寄贈問題　＜竹中明洋「総連と民団の相克77年」＞
5）金嬉老事件（1968年2月）―寸又峡温泉での88時間の劇場型犯罪＜マル暴2人殺害＞
災害取材（66年）をした場所、TBS後輩が取材―犯罪者だが、前段に苦境・屈辱の日常

その後、印象に残るいくつかのことがありました。その一つは皆さんご存知の小松川事件です。李珍宇（イ・ジヌ）君という若者が、定時制の小松川高校に通っていまして、そこで後輩の女子学生を暴行して死なせるという事件でした。もう一人、女性を殺していたということで、新聞に大々的に取り上げられました。相当ひどい若者だと叩くような記事があって、戦前からあった朝鮮人蔑視のトーンが紙面に出てきたわけです。

僕はそれを読んで、書き方が

ちょっとひどいじゃないか、と思いました。新聞も少しではあったけれど触れていたのは、その若者の貧しさと貧困、それに差別です。とにかく貧しくて食べることもままならなかったんです。それから李君は優秀でしたが、就職しようにも日本人ではないということでシャットアウト。彼には絶望的な気持ちがあったと思います。

ただ犯罪は犯罪ですから、その責任は問われます。それはそれとして、事件の背後の、生まれて以来の苦しさというものに対する周囲の見方が非常に鈍かった、と思いました。

この問題は作家たちによって掘り起こされ、助命請願の活動があったりしましたが、ともあれ、当時の報道ではかなり蔑視的な表現が使われていました。これは二つ目の経験です。

三つ目が、大学に入ってからゼミのクラスに李炯祚（リ・ケイソ）君という仲間ができまして、彼は非常に優秀でした。大分出身で中国の人民公社の研究を続けていました。その頃、中国の人民公社の将来性が脚光を浴びていましたが、韓国・朝鮮から見た中国の動きを、日本以上に注視しているような人でした。

日本の戦争の仕掛け方、日本人の対朝鮮民族の扱いなど、ゼミなどで激しく話していました。僕もそうした事情が、ある程度わかる時期にはなっていましたが、そのひどさというものを彼から直接聞くことができた、という実感があります。

▼万景峰号帰国第百船のころ

その後、僕は新聞社に入りまして最初に赴任したのが新潟でした。一九六二年から四年間いました。万景峰号が北朝鮮との間を往来していまして、百回目の記念の船が着く前後というような時期でした。ですから、全体として帰るべき人はすでに帰っていった後で、その頃帰る人はわりに少なくなっていました。

そんな中で、新潟駅まで帰国のためにやってきたけれど、逃げ帰る高校生とか若者が、毎回何人か出てくるという状況でした。「地上の楽園」とか、職業もあり、生活保障も十分だという宣伝が流れ、信じられていました。その謳い文句に乗っていいものかどうかという迷いが、彼らにはあったと思います。ただ、僕は屈辱的な扱いを受ける日本よりも祖国の方がいいだろう、と思っていました。

家族によっては、長男は帰すが次男から下は残すとか、家庭を割って帰るような人たちもいました。取材すると、喜んで帰る人たちが家庭の事情などを話してくれた印象が残っています。今は新潟空港になっているところに帰国用のキャンプが設けられ、地元の日本人の団体がバックアップしたりして運動会や演芸会をやって、それはもういい雰囲気の中で帰って行きました。ですが、帰った後は非常に悲惨だというような話が徐々に伝わってきました。

フリーライターの竹中明洋さんという方が、『決別―総連と民団の相剋77年』という本を出して、話も直接伺いましたが、その中に新潟の佐藤勝巳さん、小島晴則さんなど帰国事業をバックアップした人たちの話がありました。僕はこのお二人をよく取材していました。小島さんが九七歳でご存命であるということを聞いてちょっとびっくりしたのですが、そんな懐かしいこともありました。

帰国記念のレリーフを作って、帰国の受け入れ地であった清津港に寄贈しようとしたけれど受け取ってもらえなかったということがあって、記事を書いたりしたこともあります。

このようなことが僕の朝鮮半島との関わりです。ちょっとは触れてきましたが、要するに基本はあまりわかっちゃいなかったということでもあります。

▼日韓関係の歴史をたどる

日韓・日朝関係の歴史について少し触れたいと思います。朝鮮半島経由で元寇が攻めて来

▼日韓関係の歴史をたどる

《征韓論争から韓国内乱を経て約 20 年での日清戦争》

- 「元寇」（蒙古襲来）— 1284 文永の乱、1281 弘安の乱＝モンゴル・高麗連合軍
- 朝鮮出兵（明国狙い）— 1592,93 文禄の役、1597,98 慶長の役＝秀吉の死で終結
- 幕府期からあった征韓論／新政府でも基調に
- 茶番の征韓論封じ— 1873 年 10 月閣議決定の中止
  西郷・板垣・江藤 VS 大久保・岩倉・伊藤・木戸（岩倉欧米使節団の帰国により中止に）
- だが、進む領土確保政策　1872 年 9 月琉球藩設置（79 年琉球処分）／ 74 年 5 月台湾出兵／ 75 年 5 月樺太・千島交換条約（ロシアの南下回避）
- 江華島事件（75 年 9 月）—日本側の海軍演習、測量、民家火災などの徴発 →発砲誘発 →日朝修好条規（清国の宗主権を否定）
- 朝鮮の内乱を突く：壬午の軍乱（1882 年）／甲申事変（84 年）→天津条約（日清両軍の撤兵）／防穀令事件（85 年）（米、大豆などの対日輸出禁止→賠償請求）／甲午農民戦争（東学の乱・94 年）（朝鮮側が清国に救援依頼 →日本軍も出兵）
- 日清戦争（1894,5 年）→下関講和条約（伊藤博文と李鴻章）＝清国から遼東半島、台湾、膨湖諸島の割譲、2 億テールの賠償→三国干渉（露独仏）で遼東半島返還
- 日本の地位後退—閔妃が親ロシア政策で接近←駐韓公使三浦梧楼ら日本側が殺害（95 年）

たり、また日本側の朝鮮出兵もありました。つまり朝鮮半島は、明や清という国に攻められ、秀吉のように日本からも攻められるという戦乱の地で、非常に厳しい環境にあったということが、朝鮮半島の歴史にとって大きいことだった、と思います。

明治維新を経て日本が近代化していくときに征韓論が特に強く出てきました。

征韓論は秀吉の頃からあったわけですが、江戸幕府の

ころも続いており、明治政府にとって政治的に取り組む大きな課題でした。

明治のはじめ、欧米視察から帰ってきた岩倉具視たちは、いまはそんな時期ではない、と言って征韓論を唱えた西郷隆盛、江藤新平などを抑えたわけです。それが西南戦争という反政府運動に繋がります。征韓論は当初こそ基本的には封じられた形にはなりましたが、それは茶番で、その二年後にはそれまで反対していたグループが外地に領土を確保しようという活発な動きを強めていきました。

「琉球処分」という事態も、そのころの領土の拡張策です。これには、日本の戦前の軍隊、軍事体制を強化した山県有朋がかんでいます。琉球を日本の領土に組み込み、沖縄県とする強制的強圧的な態度をとりました。

これは後で、もう少し触れたいと思います。

それから、さらに台湾出兵です。維新後、最初の海外派兵でした。一方、ロシアの南下を防ぐ狙いから樺太・千島を交換する。このように一八七〇年代以降、領土拡張は日本政府の重要な政策だったわけです。

征韓論では西郷たちが引き下がりましたが、明治政府が征韓論をやめたのではないことは、直後の二年後に起きる江華島事件で明らかです。日本が海軍の演習をするとか、西海岸を測量するとか、韓国を挑発して戦乱を引き起こそうとしました。そして、日本が制圧する、賠償金を取る、日朝修好条規という不平等条約を結ばせるといったことが、最初の征韓の動きでした。

その後、今度は朝鮮半島で内乱が二〇年ぐらい続きます。壬午の軍乱、甲申事変、防穀令事件あるいは甲午農民戦争、――細かいことは触れませんが、その四つぐらいの内乱がありました。

そのあと、一八九四年に日清戦争が起こるわけです。日清戦争というけれども、韓国を舞台にした戦いで、当時の韓国は清に接近する、あるいはその後ロシアに接近するというような、非常に自立しにくい内政問題が多々あったわけです。

その日清戦争に日本が勝利します。遼東半島、台湾、澎湖諸島を日本の領土に組み込みます。ところがロシア、ドイツ、フランスによる三国干渉がそれを止める。日清戦争の賠償金として三億一千万円、遼東半島を返す代償として四七〇〇万円と清国から二度、支払わせました。

その後に、高宗の妃である閔妃（ミンピ）を殺害するという事件を起こします。これは日本の公使・三浦梧楼が陰謀の中心人物だったという、とんでもない事件でした。このような朝鮮半島・中国に進出しようという日本の計画は決して突然出てきたことではなくて、江戸幕府のころから朝鮮半島を狙い目としたことがあったわけです。

▼吉田松陰の長期的影響力

軍事力による日本の海外侵出を発想したそもそもの人物が吉田松陰でした。ペリーが浦賀に再度来航したとき、吉田松陰はその船で密航しようと企てました。しかし、失敗して自首します。その後、数年経って、井伊大老が桜田門外で殺された安政の大獄に連座して、松陰は処刑されます。彼は、獄中で「幽閉録」を残します。それが天皇・愛国・国家主義・ファシズムなど、日本が軍事化していく精神の根底にあるものだと言っていいと思います。

吉田松陰は、今の山口県萩に松下村塾をつくりました。今でも神社のようにされていますが、ここで高杉晋作、久坂玄瑞、伊藤博文というような、その後の人物が松陰の薫陶を受けて育つわけです。その尻尾にいたのが、のちほど述べる山県有朋でした。山県は、吉田松陰の思想を引き継いで日本の軍事政策を仕切ることになります。

▼戦前戦後への影響力
――吉田松陰（1830-59）の偶像

・「松下村塾」―高杉晋作、久坂玄瑞、伊藤博文ら、山形は末期の弟子
・ペリー再来航（浦賀）時に密航を図り失敗して自首・逮捕・幽閉・再逮捕・死刑［安政の大獄］
・「幽閉録」を残す→日本の精神構造に影響大―天皇・愛国・国家主義・ファシズム・軍事など
（明治から戦前までの77年間に約200種の書が出版、研究論文や雑誌約120種）
・教育効果―上意下達型、天皇中心の単一思考教育の徹底
→同調圧力効果
・継承から伝統化へ―吉田松陰＜思想＞→山県有朋＜制度化＞→岸信介＜復活＞→安倍晋三＜推進＞
［長州の継承］8人の首相輩出＜伊藤4次＝韓国統監、山県2次＝日清、日露戦争、桂太郎3次＝韓国併合、寺内正毅＝シベリア出兵、田中義一＝張作霖事件、岸2次＝満州国統治、佐藤栄作3次＝ベトナム戦争、日韓条約、安倍4次＝統一教会？＞
・岸田101代首相―このうち長州・山口が計20代の首相の座を占める

松陰が何をしようとしたかというと、田中彰先生の翻訳を引用させてもらいますが、次のようなものです。

「いま急いで軍備を固め、軍艦や大砲をほぼ備えたならば、蝦夷（北海道）の地を開墾して諸大名を封じ、隙に乗じてはカムチャッカ、オホーツクを奪い取り、琉球とも諭して内地の諸侯同様に参勤させ、会同させせなければならない。また、朝鮮をうながして昔同様に貢納させ、北は満州の地を割き取り、南は台湾・ルソンの諸島をわが手に納め、漸次進取の勢いを示すべきである。しかる後に、民を愛し士を養い、辺境の守りを十分固めれ

ば、よく国を保持するといいうるのである。そうでなくて、諸外国競合の中に座し、なんらなすところなければ、やがていくばくもなく国は衰亡していくだろう」

このような侵略国家の提言が、山県有朋という最後の弟子に引き継がれてきたと思います。吉田松陰が思想的な背景だとすると、山県有朋はその実践に当たったと言えます。

▼山県有朋の長く重い存在

その山県有朋はどうでしょうか。維新後に、伊藤博文は表だった力を発揮して、明治憲法の策定など、明治政府の重要な職務を担いました。山県有朋も同じ萩の出身ですが、伊藤博文ほど派手ではなかった。しかし、軍隊の構築や戦争遂行などの実行力では目立った存在でした。しかも、長きにわたり、地方自治のありようにまで広く関係しました。

要するに、伊藤は明治憲法など日本の近代化の制度をつくり、山県は富国強兵の道を開き、絶大な力を発揮したわけです。

琉球処分の直前に、山県は沖縄を一ヵ月、視察しています。その視察から戻って、琉球王

▼支配体制の背景
——山県有朋（1838-1922）の存在

・維新後の近代化—「富国強兵」「殖産興業」＋「教育立国」
・首相２期・陸相・内相・元帥・陸軍大将など軍を中心に国家統治の制度設計を推進
琉球処分、徴兵制（国民皆兵）、軍人勅諭（天皇制）、戒厳令（関東大震災など）、調達令、新聞紙条例（報道管制）、教育勅語、保安条例（結社禁止など、のちの治安警察法）、市町村・府県・郡制など
・実戦参加—西南戦争、日清戦争（陸相・第１司令官 57 歳）、日露戦争（参謀総長、元老 68 歳）、第１次世界大戦（元老 77 歳）
・「主権線」＝国境、固有領上の守護、「利益線」（朝鮮半島を含む）＝主権線の保護
（明治憲法下最初の議会での施政方針演説 <1890 年 12 月 > で表明）

国という「国」を、日本の一つの「都道府県」として考えるという、琉球の地元の意向を考えずに、強硬手段に出たわけです。国対国の関係ではなくて、最初から琉球を一地域の扱いにしたのです。それで、今も沖縄の人たちはこの無茶な処分に怒っているのです。琉球処分の措置に憤り、昨今の大量の米軍基地の存在、日米地位協定という地元無視の不平等な外交などに憤然とするのです。

そればかりか、当時、国民皆兵、徴兵制を敷いたのも彼の重要な仕事でした。天皇制を強めるための軍人勅諭をつくりました。関東大震災のときには戒厳令が敷かれましたが、これをつくったのも山県有朋でした。

それから日本の軍隊には、調達令というのがありました。食料などは後方の支援で補給するのではな

くて、現地で軍自体が調達しろ、という構えです。日中戦争のときも、日本軍が非常に残酷だったとされるのは、民間人たちを殺すだけでなく、現地の人々が生きていくための食料・物資を全部奪っていったからです。

もともと食料が少ない貧しい時代の中国で、日本の兵隊たちが部隊ごとに奪っていく。このことは本多勝一氏の書いた『天皇の軍隊』という本が事実関係を周到に追っています。この本を一〇ページも読めば、「軍隊」がどのような実態のものだったか、よくわかります。日本軍が中国本土で犯した犯罪は、七三一部隊の他にも無数にあり、今も語られるほどひどいことをしてきたわけです。そういう軍政を敷き、軍隊の力を強め、天皇の名のもとで動かしてきた。侵略に繋がる体制を整えたわけです。

山県自身もちろん軍人ですから、戦闘地域に行くことが非常に好きで、高齢にも拘わらず出かけています。若い頃は西南戦争に参加しました。日清戦争には陸相として指揮を執りました。そのとき既に五七歳です。日清戦争から一〇年後の日露戦争では参謀総長として、また元老の立場にあって指揮を執りました。第一次世界大戦のときはやはり元老としてそれを進めました。

これは忘れてはいけないことですが、明治憲法下の最初の議会において、山県有朋は首相としての施政方針演説の中で「主権線」と「利益線」という言葉を使っています。主権線は固有の領土を守るという意味で、また利益線というのは朝鮮半島を念頭に置き、そこに利益線という線を引いて主権を守るということです。他国の主権に介入した物言いでしょう。侵略の論理付けであり、政治的な線の引き方をした、と私は思っています。

▼長州・山口が計二〇代の首相を占める

このように吉田松陰から山県有朋につながる路線が、さらに長州人脈に引き継がれます。長州から出た安倍晋三を含めて八人の首相たちです。

岸田首相は広島の出身ですが、歴代一〇一代目の首相です。組閣を一代と数えて、長州・山口から出た八人で二〇代に及ぶ首相の座を握ってきました。つまり維新後の日本の政治の五分の一に及ぶ政権を担ってきたことになります。それが日本を、今述べた方向へ引っ張ってきました。

戦前はまず伊藤博文で、彼は首相の他に韓国統監をやって、一九一〇年に殺される。それから、山県首相は日清戦争、日露戦争を仕組んだ。次の桂太郎の時代は韓国を併合する。さらに短期間であったが寺内正毅はシベリア出兵をする。田中義一は日中戦争を広げる。張作霖の爆殺事件を起こし、これは本人が起こしたわけではないけれど軍人政治家として責任があるわけです。田中義一はこの張作霖爆殺事件で天皇の怒りを買って、政権の座を降りることになったわけです。

▼戦後の長州人脈

戦後はご存知の通り、岸信介、佐藤栄作、安倍晋三という三人です。岸は戦後の総理大臣ですが、その前に官僚として満州国の建国に寄与しました。もっとはっきり言えば、アヘンを生産して稼いだ金で満州統治を進めたのです。A級戦犯で捕まったけれど、罪は問われず逃れて、結局、自民党の鳩山一郎の後の総理大臣にまでなり、安保体制の強化に努めたわけです。

僕は学生時代が六〇年安保の時代でしたから、ノンポリながら、「岸を倒せ」のデモに参加しました。政治記者になってから、日韓条約とベトナム戦争の佐藤栄作を担当したこともありました。

つまり八人の総理大臣は、なんらかの形で朝鮮・中国、あるいはベトナムといった戦争絡みのポジションにいたわけです。必ずしも旗を振ったわけではないかもしれませんが、そういう制度の設定や、動きが激化する中での立場に立って、佐藤栄作の日韓条約の調印にまでいったわけです。

吉田松陰、山県有朋・・・岸信介、安倍晋三と、長州人脈が軍事体制作りから戦争遂行、そしてベトナム戦争、韓・朝対立にまでに深く機能してきた、ということです。

▼閔妃暗殺を首謀した三浦梧楼

一寸戻って、長州人の話に。李氏朝鮮末期の高宗の王妃・閔妃を殺害する陰謀を策略した三浦梧楼、彼は当時大使に次ぐ公使でした。張作霖の謀略も軍部が進めたように、日本の戦争の発端には謀略が絡むことが少なくない。閔妃殺害は訴訟沙汰になりましたが、三浦は裁判で免訴、つまり無罪とされました。

この三浦梧楼も長州の出身です。陸軍中将までやって、無罪になった後に何をしたかというと、学習院の院長です。それから貴族院議員、子爵にもなりました。政党を作り、首相にもなった加藤高明の黒幕として動いたと言われています。

なにも長州憎しで言うわけではないのですが、長州の人物の存在が日本の針路に深く関与してきたことは間違いなく言えると思います。

▼日韓基本条約と河野洋平談話の意義

一九六五年に結ばれた日韓基本条約は、朝鮮が独立した後、七回の交渉を断続的に行い、一五年近くかけて成立しました。日本は朝鮮戦争の特需で戦後の復興ができたわけですが、韓国は日韓条約による賠償金で、ある程度戦後復興ができたと言えるようで、これは何とも戦争のおかしさだと思うんですね。戦争がなければ、どこの国でも徐々に経済的な蓄積もでき、人命を損なうことはなく、物的財産や文化的遺産などが破壊されることもなかったわけです。

この日韓条約は、来年に六〇年を迎えますが、戦後の日韓関係の一つのポイントになった

▼戦後の日韓関係

（併合 1910-1945 の 35 年間）

・日韓基本条約締結　対日賠償請求（1949）／交渉 7 次（1951-65）→成立
・河野洋平官房長官談話（宮沢内閣　1993 年）
①慰安所など軍の関与を認める
②慰安婦の募集、移送、管理など本人たちの意思に反して行われた
③お詫びと反省―多数の女性の名誉と尊厳を深く傷つけた
④歴史の真実を回避することなく、歴史の教訓として直視。同じ過ちを決して繰り返さないという国の決意を表明する

と思います。問題は今もなお続きますが、これには触れる時間がありませんので、省略します。

もう一つは河野洋平が宮沢内閣の官房長官のときに出した談話です。いわゆる河野談話。日韓関係の改善のために慰安婦問題で示した次の四つのことは非常に大事な決定だと思います。

一、慰安所など軍の関与を認める
二、慰安婦の募集、移送、管理など本人たちの意思に反して行われた
三、お詫びと反省―多数の女性の名誉と尊厳を深く傷つけた
四、歴史の真実を回避することなく、歴史の教訓として直視。同じ過ちを決して繰り返さないという国としての決意を表明する

自民党内には相当な反対があって、のちに首相となった安倍晋三もそうでしたが、慰安婦問題に関する日韓の関係については非常に不満が強かったわけです。しかしこの河野談話で、この問題が一歩進んだことは歴史的にも非常に特筆される出来事だったと思います。

慰安所というものに軍が関与していたことを認めたこと、なにしろ慰安婦の募集、移送、管理、軍のトラックで戦場に連れて行ったわけですからね。これは慰安婦の皆さんの意思に反して行われたことだということを認め、当然のことながら「お詫びと反省」を述べて、名誉と尊厳を傷つけたということを、言葉としてははっきり示しました。それまでの長期間、当然為すべきことを逃げて、ごまかしていました。歴史を歪めなくて、よかったと思います。

こうしたことは、どこの国、どこの民族であろうと、素直に謝り、二度と起こさないという誓いを国民全体に定着させ、歴史の改ざんなどはしないということを誓うべきなのです。

将来的に言えば、歴史の真実を回避することなく、歴史の教訓として直視する。そうした意味で、河野談話は非常に意味のある、戦後の日韓関係の土台になるべきことであったと思います。

▼関東大震災 100 年を機に記念事業を
――クラウドファンディングの活用を！

・総合的な歴史資料館の創設を―資料探索・発掘を集中的に取り組み、一元管理できないか
・関係資料、図書などの情報ネットワーク化を――どこに何があるか検索可能に
――全国の公文書館、図書館などの検索機能を充実
・既存施設（文化センター・アリランなど）の専門化・特性化を

▼関東大震災百年を機に記念事業を

今年、関東大震災から百年を迎えましたが、小池東京都知事は朝鮮人慰霊祭に対して、弔意を表す手紙を送らなくなりました。

松野官房長官が、事実関係を把握できる記録が政府内に見当らないとして、関東大震災朝鮮人虐殺について政府は関与していないというようなことを言いました。つまり歴史修正主義の立場を表明しています。

僕は百年を過去の百年じゃなくて、これからの百年のスタートという意味で考えたいと思っています。一つは、「総合的な歴史資料館」を作ってはどうかと思うのです。いろんなところにそういう施設や蓄積があります。ただそれを総合化できていないということが少し残念です。資料を探索したり、発掘した

り、もっと集中的に取り組み、出てきた資料は一元管理することを提案したいのです。関係資料や図書などが民団関係の施設にあって図書館や資料館もありますが、そういうところを使って、ネット検索が一元化できる方法がないかと思うのです。資料について、どこに何があるかを共有することによって、若い研究者たちが調べやすい体制を作れるのでは、と思います。

全国の都道府県には公文書館や図書館があります。これを手分けして調べれば、まだまだ資料は発掘できるのではないか。それを一元的に示すことによって、歴史の掘り起こしをする。必ずしも慰安婦の問題とか、震災虐殺の問題だけでなく、さらに広く、将来的なスタンスで考えて取り組めばいいのじゃないかというふうに思っております。

▼歴史認識について

歴史認識というものは、自国の歴史だけを知り、日本は日本の歴史で物を見る見方になりがちですが、近隣諸国との関係で言えば、親近感を育てるためにも、基本的には相手の国の歴史を併せて知るということが望ましいわけです。

これが本来の歴史認識だと思うんです。自分の国と近隣の国とは当然違いがある。習俗、言語、文化などさまざまな違いがある。また、同じようなことでも解釈の違い、受け取り方の違い、判断の違い、いろいろあるでしょうが、それは構わないと思うんです。お互いに違いがあることを理解しておけば、違いを受け入れる土台がつくられる可能性は出てくる。だけど自国の歴史だけにこだわると、お互いに疑心暗鬼になったり、トラブルが発生したりする。それが拡大すると、対立の火種にもなり、戦乱にもなりかねないということです。

そんなことにならないためにも、双方の交流が大事だと思います。今、日中の交流が途絶えがちで残念ですが、日韓でも、日中でも関係がうまくいって日本へ来る旅行者が増える、日本から出かける人が増える、そうした民間の交流が濃密になって、近しさを肌で感じ、違いのあることを知り、誤解が生まれないような関係ができれば、これは非常に大きな意味を持つのではないかと感じているわけです。国と国との政治的、外交的な関係の土台としての重厚な民間交流——なによりも、これが対決を避ける土台になってきます。

▼朝鮮民族の統一はあるか

最後に一つ申しあげたいのは、これは全く自分個人の考え方ですが、朝鮮民族の統一というものがあるのかどうか。国情の違いや教育の違いもあって統一はなかなか難しい、政治的な判断だけでなく国民の育ってくる環境の違いによって、一つにまとまり直すことは無理だという見方も根強いとは思っています。

僕はどちらかといえば、政治権力が条約を作り握手をすればいいというものではなくて、五十年百年かかるかもしれないけれど、国民間の交流や理解が生まれてくれば、いつか東西ドイツの統一ができたような関係も可能なのではないか、と夢想しています。

韓国・北朝鮮の場合は相当な時間がかかるとは思いますが、こういう方向を捨てないで、どこか夢やロマンをもって努力することがあっていいんじゃないか、と思っています。というのは政治権力よりも、一般の国民の感覚の方が、社会の力を握りうると思うんです。甘いぞ、と言われることは覚悟の上なのですが。

▼『帝国の慰安婦』について

最後に、『帝国の慰安婦』という本について一言。これを書いた朴裕河（パク・ユハ）という学者が裁判に訴えられて、韓国の大法院（最高裁）で、無罪・差し戻しになり、結局無罪になりました。僕は日本語の翻訳で読んだので原文とは若干違うと思いますが、よくぞ書いたな、と思いました。

対日感情が悪い人にとっては前提がけしからんということでしょうが、そうとばかりとも言えない。適切な指摘もあって、それなりの反省もあって、日本人の受け止め方もこんな感じではないかと思って読んでおりました。

わかり合うことで、日韓関係はこれから良くなっていく可能性が芽生えているのではないかと期待を込めつつ、これで僕の話を終わりたいと思います。

ありがとうございました。

〔質疑応答〕

（Q）韓国人です。すごくわかりやすかったです。朝鮮通信使など江戸時代は朝鮮と日本の関係が良かったような気がしますが、その頃から韓国を侵略する考えが日本にはあったのですか。

（A）江戸時代の日本には藩が三百前後もあったから、必ずしも統一的な考え方ではなかったし、朝廷がそういう考えを持っていたわけではない。ただ、幕末を中心にして欧米がインドを攻め、中国を攻め、インドネシア半島を押さえ、というふうに帝国主義のアジア侵出が進み、日本にもたどり着いたのが、あのペリーの黒船です。それらの国は内政が混乱状態でしたが、日本は一応、統治ができていました。つまり朝廷と幕府、各藩には波乱はあったけど統一できていることで、日本には概して他の国よりは統治を任せようと考えたようで、運が良かったと思うんですね。

江戸末期は朝廷にそういう意図があったわけじゃなくて、薩摩藩とか、長州藩とかの一部に吉田松陰的思考を礼賛するような風土が生まれ、広がった。

また、先進的なヨーロッパ諸国の侵略行為が許容されているのを見て、維新後の日本の統治者たちが、日本の遅れを取り戻すには弱小の国を狙うことも許されるのだと思い込んだのではないか。そうした奢った考え方が次第に当然視され、戦前の権力者や軍人、官僚、それに財閥などをとらえて、再三の侵略戦争に突き進むことになったのでしょう。

（日韓記者・市民セミナー　第五三回　二〇二三年一〇月二八日）

〔著者紹介〕

・城内康伸（しろうち・やすのぶ）
1962年、京都市生まれ。東京新聞社会部デスクを経て、ソウル支局長、北京特派員（北朝鮮担当）。論説委員を最後に2023年末に退社し、フリーランスに。朝鮮半島取材30年の実績により北朝鮮情報の豊富さと正確さには定評がある。
著書:『シルミド「実尾島事件」の真実』、『猛牛（ファンソ）と呼ばれた男「東声会」町井久之の戦後史』、『「北朝鮮帰還」を阻止せよ　日本に潜入した韓国秘密工作隊』、『昭和二十五年　最後の戦死者』、『金正恩の機密ファイル』など。

・竹中明洋（たけうち・あきひろ）
1973年山口県生まれ。北海道大学卒業、東京大学大学院修士過程中退、ロシア・サンクトペテルブルク大学留学。在ウズベキスタン日本大使館専門調査委員、NHK記者、衆議院議員秘書、「週刊文春」記者などを経てフリーランス。
著書：『沖縄を売った男』（扶桑社）、『殺しの柳川 日韓戦後秘史』（小学館）、『総連と民団の相克77年』（小学館）など。

・羽原清雅（はばら・きよまさ）
1938東京都生まれ。朝日新聞政治部長、西部本社編集局長、代表を歴任。元帝京大学教授、東京都新宿区教育委員。
著書：『日本の戦争を報道はどう伝えたか』『沖縄「格差・差別を追う」』（書肆侃侃房）、『落穂拾記―新聞記者の後始末』（オルタ出版室）、『沖縄報告』（共著・朝日新聞社）など。

＊日韓記者・市民セミナー　ブックレット16＊

朝鮮半島の政治と「在日」

2024年4月30日　初版第1刷発行

著者：城内康伸、竹中明洋、羽原清雅
編集・発行人：裵哲恩（一般社団法人ＫＪプロジェクト代表）
発行所：株式会社 社会評論社
東京都文京区本郷2-3-10
電話：03-3814-3861　Fax：03-3818-2808
http://www.shahyo.com
装丁・組版：Luna エディット .LLC
印刷・製本：株式会社 プリントパック

YouTube「KJテレビ」日韓記者・市民セミナー

動画配信　二〇二四年四月二三日現在（一部、韓国語字幕あり）
●印はブックレット収録済

●第1回　二〇一九年八月三日
関東大震災「朝鮮人虐殺否定」論反証　加藤直樹（作家）

●第2回　二〇一九年九月二五日
よく知らない韓国（人）を知ろう　権　鎔大（経営コンサルタント）

●第3回　二〇一九年一〇月一八日
特攻隊員として死んだ朝鮮人の慰霊事業　黒田福美（女優）

●第4回　二〇一九年一〇月二六日
ＪＯＣの不可解な動き　谷口源太郎（スポーツジャーナリスト）

●第5回　二〇一九年一一月二四日
北送事業60年の総括　菊池嘉晃（ジャーナリスト）

●第6回　二〇一九年一二月一二日
韓国ヘイトと対処法　香山リカ（精神科医）

●第7回　二〇一九年一二月一七日
在日二世の数奇な半生　尹　信雄（元民団倉敷支部団長）

●第8回　二〇二〇年二月一〇日
安倍政権の内政と外交　小池　晃（日本共産党書記局長）

●第9回　二〇二〇年二月二一日
南北韓と韓日関係の展望　平井久志（ジャーナリスト）

●第10回　二〇二〇年七月一日
虚構の「嫌韓」からの解放　澤田克己（毎日新聞論説委員）

●第23回　二〇二一年一一月六日
映画『在日』上映と呉徳洙監督を語る　清水千恵子（映画『在日』スタッフ）
●第24回　二〇二一年一一月一九日
記憶を拓く「信州・半島・世界」　田中陽介（信濃毎日新聞編集局デスク）
●第25回　二〇二一年一二月一三日
外国人は「害国人」ですか―日本の「入管体制」を検証する　田中　宏（一橋大学名誉教授）
●第26回　二〇二二年一月一四日
歴史事実に介入する政府と「作る会」　鈴木敏夫（子どもと教科書全国ネット21事務局長）
●第27回　二〇二二年三月一一日
在日オペラ歌手が願う日韓関係　田　月仙（オペラ歌手）
●第28回　二〇二二年三月二六日
日韓関係の危機をどう乗り越えるか　日韓協約の不存在から考える　戸塚悦朗（弁護士）
●第29回　二〇二二年四月一六日
参議院選に出馬～誰もが大切にされる社会実現へ　金　泰泳（東洋大教授）
●第30回　二〇二二年五月一〇日
時務の研究者「姜徳相」関東大震災時の朝鮮人虐殺研究　山本すみ子（姜徳相聞き書き刊行委員会）
●第31回　二〇二二年六月二七日
絶望から希望を見出す　川崎桜本をめぐる　ふたつの物語　金聖雄（映画監督）
●第32回　二〇二二年七月九日
民族的連帯から見るインターナショナリズム 中野重治の朝鮮認識を手がかりに　廣瀬陽一（大阪公立大学客員研究員）
●第33回　二〇二二年七月一七日
在日コリアン研究40年を振り返る　朴　一（大阪市立大学名誉教授）
●第34回　二〇二二年八月三日
ヘイトスピーチ・ヘイトクライム根絶に向けて　師岡康子（弁護士）

●第35回　二〇二二年八月二七日
指紋押捺拒否からヘイトスピーチ根絶へ　ピアノ&トーク　崔　善愛（ピアニスト、週刊金曜日編集委員）
●第36回　二〇二二年九月一三日
「先生不足」が生んだ学校崩壊の現実　安倍「教育再生」路線がもたらしたもの　竹村雅夫（藤沢市議会議員）
●第37回　二〇二二年九月二二日
民主主義を壊す政治と宗教の癒着　旧統一教会の問題性　有田芳生（前参議院議員）
●第38回　二〇二二年一〇月七日
総連と民団の相克77年　竹中明洋（フリーライター）
●第39回　二〇二二年一〇月二三日
川越唐人揃いパレードの18年間の取り組み　朝鮮通信使の精神を現代に継承　江藤善章（実行委代表）
●第40回　二〇二二年一一月四日
浅川伯教・巧兄弟への敬愛と感謝　河　正雄（私塾清里銀河塾塾長）
●第41回　二〇二二年一二月一四日
キムはなぜ裁かれたのか　BC級戦争裁判　内海愛子（同進会を応援する会代表）
●第42回　二〇二三年一月一九日
朝鮮半島取材30年、現場で見た南と北　城内康伸（元東京新聞編集委員・東アジア担当）
○第43回　二〇二三年二月一〇日
障害福祉の課題　金重政玉（元内閣府障がい制度改革推進会議政策企画調査官）
○第44回　二〇二三年三月一一日
ソウルから東京を歩く　「第九次朝鮮通信使の意義」　遠藤靖夫（21世紀の朝鮮通信使ウオークの会会長）
●第45回　二〇二三年四月一九日
旧世代とは一味違う在日三世の生き方　姜　龍一（作家）
○第46回　二〇二三年五月一五日
東洋医学の日韓交流―韓国伝統の「気」の体験　裵　晙映（鍼灸師）

●第47回　二〇二三年五月三一日
コリアンルーツの目から見た日本社会　深沢　潮（小説家）
●第48回　二〇二三年六月二四日
反ヘイトのロードマップを考えるために　金　展克（民団支部事務部長）
○第49回　二〇二三年七月二九日
尹東柱の愛と死の物語「星をかすめる風」を顕彰する　広戸　聡（俳優）
●第50回　二〇二三年八月七日
関東大震災朝鮮人虐殺から百年、歴史隠蔽を撃つ　呉　充功（映画監督）
○第51回　二〇二三年九月一五日
我が演劇人生を語る　金　守珍（劇作家）
○第52回　二〇二三年一〇月七日
アボジ孫基禎の生き様　金メダルから平和マラソンへ　孫　正寅
●第53回　二〇二三年一〇月二八日
次世代に伝える日本と朝鮮半島の話　羽原清雅（元朝日新聞政治部長）
○第54回　二〇二三年一一月二五日
ヘイトをのりこえる多文化共生教育　風巻　浩（都立大学特任教授）
○第55回　二〇二三年一一月二五日
ヘイトをのりこえ、ともに生きる　金　迅野（在日大韓横須賀教会牧師）

■日韓記者・市民セミナー　ブックレット■

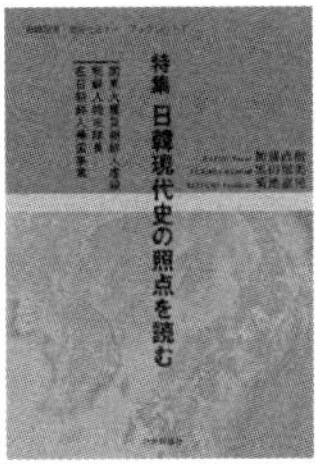

創刊号
特集　日韓現代史の照点を読む
加藤直樹／黒田福美／菊池嘉晃
Ａ５判　一一二頁　本体九〇〇円＋税
二〇二〇年八月一五日発行

コロナの時代、ＳＮＳによるデマ拡散に虚偽報道と虐殺の歴史がよぎる中、冷え切った日韓・北朝鮮関係の深淵をさぐり、日韓現代史の照点に迫る。関東大震災朝鮮人虐殺、朝鮮人特攻隊員、在日朝鮮人帰国事業の歴史評価がテーマの講演録。

第２号
ヘイトスピーチ　攻防の現場
石橋学／香山リカ
Ａ５判　一〇四頁　本体九〇〇円＋税
二〇二〇年一一月一〇日発行

川崎市で「差別のない人権尊重のまちづくり条例」が制定され、ヘイトスピーチに刑事罰が適用されることになった。この画期的な条例は、いかにして実現したか？　ヘイトスピーチを行う者の心理・対処法についての講演をあわせて掲載。

第３号
政治の劣化と日韓関係の混沌
纐纈厚／平井久志／小池晃
Ａ５判　一一二頁　本体九〇〇円＋税
二〇二一年二月一二日発行

政権はエピゴーネンに引き継がれ、学会へのあからさまな政治介入がなされた。改憲の動きと併せて、これを「〝新しい戦前〟の始まり」と断じることは誇張であろうか。日本学術会議会員の任命拒否問題を喫緊のテーマとした講演録ほかを掲載。

第４号
引き継がれる安倍政治の負の遺産
北野隆一／殷勇基／安田浩一
Ａ５判　一二〇頁　本体九〇〇円＋税
二〇二一年五月一〇日発行

朝日新聞慰安婦報道と裁判、混迷を深める徴用工裁判、ネットではデマと差別が拡散し、ヘイトスピーチは街頭から人々の生活へと深く潜行している。三つの講演から浮かび上がるのは、日本社会に右傾化と分断をもたらした安倍政治と、引き継ぐ菅内閣の危うい姿。

第５号
東京２０２０　五輪・パラリンピックの顛末
——併録　日韓スポーツ・文化交流の意義
二〇二一年九月一〇日発行
谷口源太郎／寺島善一／澤田克己　Ａ５判　一〇四頁　本体九〇〇円＋税
コロナ感染爆発のさなかに強行された東京五輪・パラリンピック。贈賄疑惑と「アンダーコントロール」の招致活動から閉幕まで、不祥事と差別言動があらわとなった。商業主義と勝利至上主義は「オリンピックの終焉」を物語る。

第６号
「在日」三つの体験
——三世のエッジ、在米コリアン、稀有な個人史
二〇二一年一二月五日発行
金村詩恩／金真須美／尹信雄　Ａ５判　一〇四頁　本体九〇〇円＋税
三人の在日コリアンが実体験に基づき語るオムニバス。日本社会で在日三世が観る風景。在米コリアンと在日三世の出会い。日本人の出自でありながら「在日」として生き、民団支部の再建と地域コミュニティに力を尽くした半生を聴く。

第７号
キムチと梅干し—日韓相互理解のための講演録
二〇二二年三月一〇日発行
権鎔大／尹基／八田靖史　Ａ５判　一〇四頁　本体九〇〇円＋税
互いにわかっているようで、実はよくわからない——そこを知る一冊。韓国文化と生活習慣の理解が在日高齢者の介護に不可欠だという「故郷の家」。韓国ドラマの料理から文化と歴史を探る。

第８号
歴史の証言—前に進むための記録と言葉
二〇二二年六月二八日発行
田中陽介／高二三／金昌寛、辛仁夏、裵哲恩、清水千恵子
Ａ５判　九六頁　本体九〇〇円＋税
講演で紹介された信濃毎日新聞の特集は、誠実に歴史に向き合うことの大切さを教えてくれる。姜徳相著『関東大震災』復刻と、呉徳洙監督の映画『在日』は、前に向かって進むためのかけがえのない歴史記録。

第9号
千円札の伊藤博文と安重根
——入管体制、日韓協約、教科書検定から制度と社会を考える
二〇二二年九月二七日発行
田中宏／戸塚悦朗／鈴木敏夫　A5判　一〇四頁　本体九〇〇円＋税

外国人に対する入国管理と日本社会——、そこに現れる差別と排外主義の歴史をたどると、日本による勧告併合に行き着くという。安重根（アン・ジュングン）による伊藤博文銃撃事件と、今どのように捉えるか…。近現代の歴史を教える学校教育と教科書検定の現在を併せて検証する。

第10号
ヘイト・差別の無い社会をめざして
——映像、人権、奨学からの取り組み
二〇二三年一月二〇日発行
金聖雄／師岡康子／權清志　A5判　一〇四頁　本体九〇〇円＋税

ヘイトスピーチは単なる暴言や憎しみの表現ではなく、本質的に差別である。社会からこれを無くすための、川崎・桜本の映画制作、法と条例の限界を超えて進もうとする法廷闘争、在日の若者たちに対する差別実態調査など三つの取り組みを紹介する。

第11号
いま解決したい政治課題
——政治と宗教、学校崩壊、定住外国人参政権
二〇二三年四月一五日発行
有田芳生／竹村雅夫／金泰泳　A5判　一一二頁　本体九〇〇円＋税

政治に関わる三つの講演。一つ目は政治との癒着が明るみに出た旧統一教会の実体と問題性。二つ目は全国で起きている学校崩壊の現実。三つ目は日本に帰化して参政権を取得し参院選に立候補した在日二世の生き方。

第12号
日韓友好・多文化共生への手がかり
——過去に学び未来に向かう三つの形
二〇二三年六月一〇日発行
田月仙／河正雄／江藤善章　A5判　一〇四頁　本体九〇〇円＋税

絶賛を博した在日二世の創作オペラ『ザ・ラストクイーン』、植民地支配の時代に朝鮮の風俗と文化を愛した浅川伯教・巧兄弟、豊かな文化交流を実現した朝鮮通信使に光を当て、日韓友好・多文化共生への手がかりを考えます。

第13号
消してはならない歴史と「連帯の未来像」

二〇二三年八月一五日発行

廣瀬陽一／内海愛子／山本すみ子　A5判　一一二頁　本体九〇〇円＋税

日本と韓国・朝鮮の間には、未だ超えることができず、そして消してはならない歴史がある。国境を超えたインターナショナリズム、その連帯の未来像はどのようなものなのか？　関東大震災・朝鮮人虐殺から百年、友好と信頼への道を考えさせる講演録。

第14号
関東大震災朝鮮人虐殺から百年
――問われる日本社会の人権意識

二〇二三年一一月一五日発行

呉充功／深沢潮／崔善愛　A5判　一一二頁　本体九〇〇円＋税

関東大震災から百年の二〇二三年、行政・メディアは未曾有の災害から教訓を引き出す取り組みを行った。だが、朝鮮人虐殺の真相はいまも闇に消されたままであり、この明かされない負の歴史が、ヘイトクライムの現在に繋がっている。三つの講演が日本社会の人権意識を問いかける。

第15号
日本人でなくコリアンでもなく
――「在日」の自意識と反ヘイト

二〇二四年二月二〇日発行

朴一／姜龍一／金展克　A5判　一〇四頁　本体九〇〇円＋税

日本社会の内なる国際化はこの多様性を大切にするかどうかで決まり、今はその分岐点にあるという。三世が語るように、世代を重ねるごとに在日の自意識も変わっていく。さらに法制度の観点から、根強く続く差別とヘイトを克服するための道筋を考える。

ブックレット創刊のことば

日韓関係がぎくしゃくしていると喧伝されています。連日のように韓国バッシングする夕刊紙、書店で幅を利かせる「嫌韓」本、ネットにはびこる罵詈雑言。韓流に沸いた頃には考えられなかった現象が日本で続いています。その最たるものが在日を主なターゲットにしたヘイトスピーチです。

一方の韓国。民主化と経済成長を実現する過程で、過剰に意識してきた、言わば目の上のたんこぶの日本を相対化するようになりました。若い世代にすれば、「反日」は過去の遺物だと言っても過言ではありません。支持率回復を企図して政治家が「反日」カードを切るパフォーマンスも早晩神通力を失うでしょう。

ことさらに強調されている日韓の暗の部分ですが、目を転じれば明の部分が見えてきます。両国を相互訪問する人たちは二〇一九年に一〇〇〇万人を超え、第三次韓流は日本の中高生が支えていると知りました。そこには需要と供給があり、「良いものは良い」と素直に受け入れる柔軟さが感じられます。

コリア（K）とジャパン（J）の架け橋役を自負するKJプロジェクトは、ユネスコ憲章の前文にある「相互の風習と生活を知らないことは、人類の歴史を通じて疑惑と不信をおこした共通の原因であり、あまりにもしばしば戦争となった」「戦争は人の心の中で生まれるものであるから、人の心の中に平和のとりでを築かなくてはならない」との精神に立脚し、日韓相互理解のための定期セミナーを開いています。

このブックレットは、趣旨に賛同して下さったセミナー講師の貴重な提言をまとめたものです。食わず嫌いでお互いを遠ざけてきた不毛な関係から脱し、あるがままの日本人、韓国人、在日の個性が生かされる多文化共生社会と、国同士がもめても決して揺るがない市民レベルの日韓友好関係確立を目指します。

二〇二〇年八月

一般社団法人 KJ プロジェクトは、会費によって運営されています。日韓セミナーの定期開催、内容の動画配信、ブックレット出版の費用は、これにより賄われます。首都圏以外からも講師の招請を可能にするなど、よりよい活動を多く長く進めるために、ご協力をお願いします。

会員登録のお問い合わせは、

▶ KJ プロジェクトメールアドレス　cheoleunbae@gmail.com へ